念好马克思主义的

NIANHAO MAKESI ZHUYI DE
ZHENJING

陈先达/著

人民出版社

序　言

习近平总书记指出：马克思主义就是我们共产党人的"真经"，"真经"没念好，总想着"西天取经"，就要贻误大事！强调马克思主义是我们共产党人的"真经"，要求共产党人念好自己的"真经"，充分体现了共产党人与马克思主义"体"与"魂"的关系。我们一定要按照习近平总书记的要求，深刻感悟和把握马克思主义真理力量，谱写新时代中国特色社会主义新篇章。

在马克思诞辰 200 多年、《共产党宣言》发表 170 多年的今天，仍然有人总想着"西天取经"，甚至说马克思主义是政治的、官方的、非学术性的，所以没有学术含量。这真是奇谈怪论。我们共产党人要念好马克思主义"真经"，以提高马克思主义理论研究的学术性为抓手，原原本本学习和研读马克思主义经典著作，努力把马克思主义立场、观点、方法学到手，作为自己的看家本领。

马克思主义当然是政治的。它是为工人阶级进行政治斗争而产生的，非政治的马克思主义从来没有过。至于官方的马克思主义倒不是从来就有的，而是工人阶级取得政权以后才出现的。在社会主义国家，马克思主义之所以具有官方性，是因为它在社会主义意识形态中处于主导地位，从思想和理论上捍卫社会主义制度。在社会主义中国，马克思主义是我们党的指导思想，代表国家意志和人民根本利益，岂能是非官方的意识形态？如果马克思主义成为非官方的、超政治的所谓价值中立的学说，倒是一件不可思议的事情。更应看到，在社会主义国家，如果马克思主义被边缘化甚至在党和国家的指导地位被取消，那就是一条自我毁灭之路。因为，如果共产党抛弃或背离马克思主义的指导，就必然接受形形色色的资产阶级思想。东欧剧变、苏联解体，就是活生生的例子。习近平总书记强调："历史是最好的老师，它忠实记录下每一个国家走过的足迹，也给每一个国家未来的发展提供启示。"教训犹在，殷鉴不远。中国共产党决不会重蹈这个覆辙。

有人提出，回归马克思经典著作研究就是回归纯学术研究。这属于似是而非的说法。马克思主义鲜明的政治性，正是源于马克思经典著作的政治性。马克思经典著作具有鲜明的政治性和明确的阶级性，马克思是为工人阶级和人类解放而进行研究和著述。马克思首先是个革命家，这就决定了马克思经典著作不可能是非政治性的，因而对马克思经典著作的研究同样是有政治性的。只要读读西方一些学者从马克思经典著作中断章取义得出的反对马克思主义的结论，就不难发现对马克思经典著作的研究完全可以有两种不同的立场和态度。马克思经典著作是共产党人的思想武器，而不是超政治的"象牙塔"。我们要认真学习和研究马克思经典著作，掌握和精通马克思主义基本原理，进而用马克思主义的立场、观点、方法分析问题、解决问题。

列宁说过，建筑在阶级斗争上的社会是不可能有"公正"的社会科学的。一些人认为西方学者公正无邪，不偏狭于阶级，唯真理而求索。这实在是一种天真的善良愿望。相反，一些严肃的西方学者却不这样看，如美国经济学家、诺贝尔经济学奖获得者索洛说："社会科学家和其他人一样，也具有阶级利益、意识形态的倾向以及一切种类的价值判断。但是，所有的社会科学的研究，与材料力学或化学分子结构的研究不同，都与上述的（阶级）利益、意识形态和价值判断有关。"应该说，这是坦诚而真实的。在阶级社会和有阶级存在的社会，正如列宁所说，"没有一个活着的人能够不站到这个或那个阶级方面来"。在当代西方世界，难以找到纯而又纯、非政治性的社会科学著作。例如，哈耶克的《通往奴役之路》、福山的《历史的终结》、亨廷顿的《文明的冲突》等，哪有单纯的学术性而没有政治性？为什么马克思主义的政治性就妨碍学术性，成为一些人妄图将其驱逐出学术领域的根据呢？

在一些人看来，研究马克思主义没有什么学术性，只有研究中外某个大思想家的著作才叫学术研究。这是对什么是学术的错误理解。对中外著名思想家的研究当然具有很高的学术性，需要专门人才进行深入研究，并正确诠译和解读其思想，以便继承其智慧。以习近平同志为核心的党中央高度重视中华优秀传统文化创造性转化、创新性发展的原因，也正在于此。可以说，在当代哲学社会科学中，马克思主义不仅具有高度政治性，而且具有高度学术性，因为它是建立在揭示世界发展普遍规律和人类社会发展规律基础之上的学说。

马克思、恩格斯特别重视自己研究的学术性。恩格斯说过："社会主义自从成为科学以来，就要求人们把它当作科学看待，就是说，要求人们去研究它。"他在讲到马克思《资本论》研究时还说过："政治经济学不是供给我们牛奶的奶牛，而是需要认真、热心为它工作的科学。"马克思、恩格斯以毕生精力从事马克思主义科学理论的创造，这是人类历史上最艰巨最困难的学术工作。他们留下的卷帙浩繁的著作和手稿，以无可辩驳的事实证明了这一点。应该说，对马克思和马克思思想的研究，即便是一个水平很高的研究者，穷其毕生精力也很难全面掌握这个丰富的思想体系。

自马克思主义产生后，马克思主义研究逐渐成为一门显学。不仅马克思主义革命者和理论家们深入研究马克思主义，而且马克思主义的反对者也对马克思主义进行研究。不管是马克思主义者还是不同意甚至反对马克思主义的学者，都无法绕开马克思和马克思主义。马克思主义是学术宝库，是哲学社会科学的一座巍巍学术高峰。当然，并不是研究马克思主义理论就天然具有学术性。一门学说的学术性和研究者的学术水平是不能等同的。实际上，在任何学科中，研究者的水平都是参差不齐的，有高峰，有平原，也有低谷。每门学科都有大学者，也有成就一般甚至毫无成就的人。这无关学科的学术性，而是与研究者个人的资质、条件与努力有关。马克思主义理论工作者在增强政治意识的同时，应该努力提高自己研究和教学的学术含金量。很多有成就的研究者就是这样做的。只要不心存偏见就可以看到，马克思主义理论研究水平和思想理论课的水平在逐年提高，出版的著作和学术论文的学术含量也在不断增加。当然，与理论创新和实践发展的要求相比还有较大距离，广大马克思主义理论工作者仍需不断努力。

中国共产党历来高度重视马克思主义理论研究的学术性问题。这是因为，坚持马克思主义在意识形态领域的指导地位，坚守社会主义意识形态阵地，有力回击反马克思主义思潮，提高人们正确理解社会问题和辨别各种错误思潮的能力，都必须提高马克思主义研究的学术水平。在马克思主义研究领域，光凭口号是无济于事的，正如枪里没有子弹是不可能克敌制胜的。只有彻底的理论才有最充分的说服力，只有精通马克思主义理论才会掌握彻底的理论。真正巩固马克思主义在意识形态领域的指导地位，我们共产党人必须念好马克思主义"真经"，把马克思主义作为一门科学来探索、作为一门学术来研究，不断提高自己的学术水平。要认真学习马克思主义经典著作、掌握马克思主义基本原理，特别是要深入学习习近平新时代中国特色社会主义思想，在学懂弄通做实上下真功夫、苦功夫。马克思主义研究成果的含金量越高、学术性越强，就越有说服力。如果说在专业课领域的一个错误观点会影响学生的知识水平，那么，在马克思主义研究领域的一个错误观点则可能影响人的一生。在每一个重大理论和现实问题上，马克思主义理论工作者都必须旗帜鲜明、观点正确，而且具有学术含量，任何信口开河、打马虎眼都是行不通的。

天马行空，不知所云，不是学术性而是毫无价值的"废钞"。当前，对我国的马克思主义研究来说，真正称得上是学术研究工作的应具有双重特点：一是以问题为导向，立足现实，捕捉新时代坚持和发展中国特色社会主义遇到的重大问题。没有问题意识、不研究问题的所谓学术研究是没有价值的。二是对问题的研究、分析必须上升为理论。既然是理论，当然要运用概念，当然会有逻辑论证，排除概念和逻辑论证就不可能有理论分析。毛泽东同志在《整顿党的作风》中专门论述过什么是理论研究、什么是理论家的问题。他说："我们所要的理论家是什么样的人呢？是要这样的理论家，他们能够依据马克思列宁主义的立场、观点和方法，正确地解释历史中和革命中所发生的实际问题，能够在中国的经济、政治、军事、文化种种问题上给予科学的解释，给予理论的说明。"可见，马克思主义研究既是理论的、又是实践的，既是政治的、又是学术的。理论与实践的统一，这就是我们共产党人提倡的学术性。

目　　录

习近平总书记指出:马克思主义就是我们共产党人的
"真经","真经"没念好,总想着"西天取经",就要贻误大
事! 强调马克思主义是我们共产党人的"真经",要求共产
党人念好自己的"真经",充分体现了共产党人与马克思主
义"体"与"魂"的关系。我们一定要按照习近平总书记的
要求,深刻感悟和把握马克思主义真理力量,谱写新时代中
国特色社会主义新篇章。

不要抽象地争论马克思主义指导和中国传统文化的关
系,尤其是非历史主义地争论马克思主义与儒学的高下优
劣抑扬褒贬。一个是中国革命和社会主义建设的思想理论
指导,一个是中华民族的精神血脉和中华民族的文化之根。
应该用历史唯物主义观点处理马克思主义与中国传统文化
的关系,反对蔑视以儒学为主导的中国传统文化的文化虚
无主义,中国的马克思主义可以从中国传统文化的精髓中

得到思想资源、智慧和启发,但也要防止以高扬传统文化为旗帜,反对马克思主义、拒斥西方先进文化的保守主义思潮的沉渣泛起。

第二章　做坚定的马克思主义理论工作者 ⋯⋯⋯⋯⋯ / 21

"姓马"容易"信马"不易。"姓马"是专业,"信马"是信仰。专业可以变为单纯谋生的手段,而信仰则是高于谋生的精神追求。我们应该做一个信仰坚定的马克思主义理论工作者。

第三章　历史唯物主义与中国道路

中国特色社会主义道路是实现现代化必经之路,是创造人民美好生活的必由之路。我们对道路的自信,源自对文化的自信。中国不仅有5000多年文明发展孕育的中华优秀传统文化,还有中国共产党和中国人民在伟大斗争中孕育的革命文化和社会主义先进文化。文化不仅是知识、智慧的积累,更是一个民族最深层的精神追求。中国近百年历经劫难而九死无悔,"拼将十万头颅血,须把乾坤力挽回",其中闪烁的就是"我以我血荐轩辕"的中华民族文化精神。

第四章　文化自信中的传统与当代

文化自信不是一个简单的文化口号。不懂中国历史,尤其是不懂近百年中国的奋斗史,不懂中国共产党的革命和建设历史,就难以理解文化自信的丰富历史内涵;不懂得马克思主义传入的重要意义,不懂得中国传统文化的创造性转化和创新性发展,不懂得红色文化和社会主义先进文化的创立是中国文化在当代的发展,就不懂得文化中的传统与当代的辩证关系。

第五章　哲学的困境与中国哲学的前景 ················· ／81

改革开放以来,物质丰富了,但上教堂的人也越来越多了,进寺庙烧香拜佛的人越来越多了,口诵南无,手捻串珠的人不少见。当然,信教是个人的自由,一个真正有宗教信仰、注重道德修养、一心向善的信众是受人敬重的。但我们从这种现象中窥视到的不仅是宗教信仰问题,而是当代中国一些人正在寻找精神安顿之处。等而下之的是信大师、信大仙、信风水,甚至信来世、信天象,都折射出灵魂的某种强烈需求。不过这不是精致的需求,而是粗陋、低俗、功利性的精神满足。在微信群里转来转去的各种心灵鸡汤,良莠不齐,不少是群发性的精神的恐慌和缺失的表现。中国是社会主义国家,当然不能以宗教作为安身立命之学,同样不能把儒学变为儒教,但必须重建以人文文化为核心的精神家园。

第六章　文化传承的自觉性和制度化 ················· ／100

民族文化传承与文化传播不同。文化传承是一个民族文化内部的源与流、继承与创新关系;文化传播是本土文化与外来文化、文化交往与文化吸取关系。民族文化重传承,外来文化重借鉴。文化传承的源流不断,以国家的存在和统一为前提。自觉性和制度化是支撑一个民族文化源流不断的两大支柱。中国拥有丰富的传统文化,而且是唯一没有中断的世界文明古国。在历史上,中华文化传承的自觉性和自发性、制度化和制度缺失并存,其中有不少历史经验和教训可供总结。

第七章　文化自信中的政治与学术 ………………

从文化本身来说,原本不存在"自信"与"不自信"的问题。任何一个民族对自己的民族文化都怀有眷恋和热爱之情。"美己之美"是文化民族性的表现。当文化自信成为一个问题,它就不会是一个单纯的学术问题,肯定有其深层的社会原因。文化自信的对立面是什么?是文化不自信,是文化自卑。在当今,为什么要提出文化自信问题,只有放在近现代中国历史发展过程和当代现实的舆论场才能理解。

第十章　雄踞人类思想高峰的马克思

恩格斯称马克思为"当代最伟大的思想家"。他说马克思的逝世,是"当代最伟大的思想家停止思想了"。恩格斯对马克思的逝世无比悲痛。他在致威·李卜克内西的信中说:"我仍然不能想象,这个天才的头脑不再用他那强有力的思想来哺育两个半球的无产阶级运动了。我们之所以有今天,都应归功于他;现代运动当前所取得的一切成就,都应归功于他的理论的和实践的活动;没有他,我们至今还会在黑暗中徘徊。"

第十一章　占据真理和道义制高点的马克思主义

马克思诞生已经 200 多年,马克思主义创立已经 170 多年,马克思的名字依然在世界各地受到人们的尊敬,马克思的思想依然闪烁着耀眼的真理光芒,为什么? 因为它占据着真理和道义的制高点:"无论时代如何变迁、科学如何进步,马克思主义依然显示出科学思想的伟力,依然占据着真理和道义的制高点。"真理和道义结合并同处于当代制高点的论断,既是对马克思伟大光辉一生和伟大人格的精练概括,也是对马克思主义的科学性、人民性、实践性和开放性的本质特征及其当代价值的最好诠释。

第十二章　中国百年历史变革中的辩证法

不同阶段有不同的问题:穷有穷的问题,富有富的问题,强有强的问题。穷则多困,贫困阻碍生活的提高;富则易侈易骄,骄奢催生社会不良现象;强则多忌,会遭受来自外部对发展各种方式的遏制和阻挠。因此,强国之路不仅要解决富起来留下来的旧问题,还要面对强起来的新问题。

大力提高自身的马克思主义理论水平,必须真信;要真信,必须真懂;要真懂,必须真学、真用。在理论主体的塑造中,学、懂、信、用是不可分的。理论要说服人,必须首先要说服自己。只有自己信,才能理直气壮地说服别人。一个在马克思主义立场上东倒西歪站立不稳的人,别指望他能帮助别人站稳。

我们深知实现中华民族伟大复兴还要面对许多需要解决的老问题和新问题。在前进道路上出现"黑天鹅"事件、"灰犀牛"事件都不足为怪。我们既要有忧患意识,又要保持战略定力。社会主义社会不是一次普通的革命,不是王朝更替,也不是西方的政党轮替,而是人类历史上一次社会形态的变革。困难之多,不难想见。

第一章　马克思主义和中国传统文化

目前在中国大地上，传统文化研究和宣传热潮高涨，儒学重新成为显学。当年孔子风尘仆仆周游列国，实际上齐鲁郑卫陈蔡诸国不过是山东河南几个县，而今随着孔子学院正在周游世界。国外汉学家渐多，中国传统文化声望日隆。这本是大好事，是中华民族复兴在文化上的一种表现。

有些理论工作者感到迷茫，意识形态领域中坚持以马克思主义为指导的方针是否发生了变化？有些极端的儒学保守主义者误判形势，拔高之论迭出。乱花迷眼，议论各异，意识形态领域陷于两难：似乎强调坚持马克思主义思想指导，就是贬低以儒学为主导的中国传统文化，反之，则应把马克思主义请下指导地位的"神坛"，重走历史上尊孔读经以儒治国的老路。这种非此即彼、冰炭不可同炉的看法，理论上是错误的，实践上是有害的。

一、应该站在社会形态更替的高度来审视 马克思主义和中国传统文化的关系

如何理解马克思主义和以儒学为主导的中国传统文化之间的关系，我想起"周虽旧邦，其命维新"。冯友兰是中国现代史上杰出的思想家、哲学家和哲学史家，也有的学者尊他为现代新儒家。他在历经多年编写的《中国哲学史新编》中的序言中说："诗经上有句诗说，'周虽旧邦，其命维新'。旧邦新命，是现代中国的特点。我要把这个特点发扬起来。我所希望的，就是用马克思主义的立场、观点和方法重写一部中国哲学史。"冯先生由于专业写作的需要把它仅限于以马克思主义观点重写中国哲学史，我从冯先生的话中得到启发，以"旧邦新命"作为廓清迷雾、解开关于马克思主义与中国传统文化关系争论的一把钥匙。

社会主义中国，是具有5000多年历史的古老中国的当代存

在。中国是旧邦，是一个古老的国家，可当代中国是不同于传统中国的社会主义形态下的新的中国。中国共产党负有新的历史使命，这就是中华民族的伟大复兴。它包括创立社会主义新中国的民族复兴，也包括中华民族的文化复兴。这是一条既要坚持马克思主义理论指导，又要正确处理马克思主义与中国传统文化关系的道路。这条路历经100多年的摸索，在艰难曲折中跋涉前行。有经验，也有教训。只有站在社会形态变革的高度进行审视，才能牢固确立中国共产党和社会主义社会以什么为指导思想，以及如何处理马克思主义与中国传统文化关系这个重大问题。这个问题仅仅局限在文化范围内是说不清楚的。

中国社会主义制度的建立是社会形态的根本变化，这是中国历史上几千年未有的大变化。自秦始皇统一中国之后的2000多年，中国历史的变化本质上是同一社会形态内部的变化。王朝易姓，改朝换代，都没有改变中国社会形态的本质。经济结构、政治结构、文化结构当然有变化，但都具有同一社会形态的历史继承性和延续性。中国封建社会是在一治一乱、王朝易姓中走向发展和成熟的。在中华民族的开化史上，有素称发达的农业和手工业，有许多伟大的思想家、科学家、发明家、政治家、军事家、文学艺术家，有丰富的文化典籍。历史上出现过儒释道的相互吸收，也出现过新儒家，但儒学道统未变。在2000多年中，孔子是王者师，是素王，这个至高无上的圣人地位没有因为王朝易姓而发生根本变化。新王朝依然是尊孔读经，依然是看重儒家学说作为维护社会正常秩序和统治合理性的首要思想功能。

任何有点历史知识的人都知道，相信"水可载舟，亦可覆舟"的皇帝多，因为这是历史的经验；真正信奉"民贵君轻"，实行王道、仁政者极为罕见。这不是皇帝个人的罪恶。历史上皇帝并非都是坏皇帝，有不少对中国历史作出过贡献。这也不是儒家思想存心欺骗或愚民，封建社会的政治现实不能否定儒家学说精华中的思想价值。这是封建社会的经济关系和阶级关系使然。理想永远高于现实，现实从未完全符合理想，这是历史上一切伟大思想家的共同宿命，孔子也是如此。

二、只有以马克思主义为指导才能变革中国社会

清末，中国社会处于崩溃前夕。近代历史上出现过不少以身许国流血牺牲的仁人志士，可是中华民族的命运并没有改变。面临西方资本主义列强入侵，处于风雨飘摇没落时期的中华民族，无论藏书楼中有多少传世的经典宝鉴，传统文化中有多少令世人受用无穷的智慧，儒学中的正心诚意、修齐治平的道德修养和治国理政观念如何熠熠生辉，都不可能避免中华民族被瓜分豆剖的命运。历经失败，最终实现中华民族复兴这个伟大任务，落在中国共产党的肩上。中国这个旧邦要想复兴，改变中华民族的命运，救人民于水深火热之中，不可能再沿着

历代改朝换代的道路走，沿着历史上尊孔读经的道路走。

中国共产党成立的首要任务是革命，是推翻压在中国人民头上的三座大山，打倒帝国主义、封建主义和官僚买办，解放全中国，建立一个和历代王朝不同的社会主义新中国。这已经不再是历代封建王朝的延续和更替，而是社会形态的变化。要实现这个任务，从思想理论指导角度说，只有马克思主义才能发挥这个作用，因为马克思主义就是关于社会形态革命的学说。它的辩证唯物主义和历史唯物主义哲学、劳动价值论和剩余价值学说，以阶级斗争和无产阶级专政为核心的科学社会主义学说，是一个严整的、科学的思想理论体系。只有它才能指导中国共产党解决中国问题，照亮处于危亡之际的中国，为成为半封建半殖民地的中国找到一条中华民族复兴之路。中国民主革命的胜利，就是马克思主义中国化的胜利，就是马克思主义与中国实际相结合的胜利。这条道路是通过阶级斗争和武装斗争，通过血与火的斗争，生与死的决战，以千百万人的流血牺牲取得的。这是一条推倒既有社会秩序、等级、法统、道统的"犯上作乱"、革命造反之路，是与儒家和新儒家倡导的修齐治平、内圣外王、返本开新迥异的道路。

在革命胜利之后，中国共产党用了70多年寻找中国社会主义建设和改革之路。同样只有运用马克思主义的基本理论和方法，结合中国的实际才逐步弄清社会主义初级阶段中的生产力与生产关系、经济基础与上层建筑的关系，解决什么是社会主义、如何建设社会主义，找到建设中国特色社会主义之路。中国特色社会主义理论、道路、制度的建设，就其指导思想理论来说都是马克思主义，是马克思主义和中国实际的结合。

在讨论马克思主义和以儒学为主导的中国传统文化关系时，决不能忘记社会形态变革这个重大的历史和现实，不能忘记"旧邦新命"。马克思主义是无产阶级的思想体系，是为无产阶级和人类解放而斗争的主义；马克思主义立足点是阶级、阶级关系和阶级斗争，而儒学是处理以宗法制度为基础，以血缘为纽带，以家庭为细胞的人与人的关系。儒学学说中没有阶级，只有君子与小人之别。这是以道德为标准的区别，而不是阶级区别。封建社会也有穷人和富人，这种区别在儒家看来只是贫和富的区别，而非阶级区别。儒家处理等级关系的方法，是正名；处理贫富关系的方法，是"贫而无怨，富而无骄"。马克思主义处理的是阶级关系，儒学处理的是同一社会内部的君臣、父子、夫妇、兄弟、朋友关系，即所谓五伦关系，而非阶级对抗关系。因此马克思主义强调阶级斗争和夺取政权；而儒家强调"仁"与"和"稳定既成的社会关系。如果不懂得这个根本出发点，就无法理解登上中国政治舞台的中国共产党，为什么不能继续沿着儒家铺就的道路作为中华民族复兴之路，而要举起马克思主义旗帜。

"领导我们事业的核心力量是中国共产党。指导我们思想的理论基础是马克思列宁主义"，我们应该重新温习毛泽东当年这两句话。它包含为什么要以马克思主义为指导，以及如何处理马克思主义与中国传统文化关系的回答。

三、只有继承中国优秀传统文化，马克思主义 才能在中国取得胜利

中国要革命，要变革，要走出民族存亡绝境，就必须以马克思主义为思想理论指导。但马克思主义不能取代中国传统文化。中国共产党人即使在激烈的革命时期，无论是在中央苏区，还是后来在延安，都关注文化建设，也关注中国传统文化的教育。毛泽东在《中国革命和中国共产党》《新民主主义论》《改造我们的学习》等著作中都论及如何对待中国传统文化的问题。尤其是《中国共产党在民族战争中的地位》一文中在讲到学习时，毛泽东强调："学习我们的历史遗产，用马克思主义的方法给以批判的总结，是我们学习的另一任务。我们这个民族有数千年的历史，有它的特点，有它的许多珍贵品。对于这些，我们还是小学生。今天的中国是历史的中国的一个发展；我们是马克思主义的历史主义者，我们不应当割断历史。从孔夫子到孙中山，我们应当给以总结，承继这一份珍贵的遗产。这对于指导当前的伟大的运动，是有重要的帮助的。"说句实在话，从孔夫子到孙中山应当给以总结，继承这一份珍贵遗产，这个工作仍然任重而道远。

马克思主义的强大力量就在于它与中国实际的结合，其中包括与中国历史和传统文化的结合。中国共产党是中国的共产党，而不是别的什么国家的共产党；是在中国建设社会主义，而不是在别的什么国家建设社会主义。无论是共产党，还是社会主义社会，都是植根在这块具有深厚历史传统和文化传统的14亿多人口的中国，当然应该重视中国的历史和文化遗产，重视中国传统文化尤其是长期处于主导地位的儒家学说对中国社会结构、对中国人的民族性格、对中国人的思想和价值观念的深刻影响。马克思主义要在思想和情感上为中国先进知识分子和以农民为主的中国人民所接受，必须植根于中国的历史和文化。中国革命需要马克思主义，中国文化和历史传统能接纳马克思主义。

依靠武力可以夺取政权，但仅仅依靠武力不能建设新社会。按照毛泽东当年的话，革命胜利只是万里长征第一步。新中国成立以后，需要解决的问题更多。这些问题包括社会生活各个领域，尤其是在精神方面，在软实力的建设方面，仅仅依靠马克思主义作思想理论指导，而不充分发掘、吸取与运用中华民族丰富的文化资源来进行社会治理、人文素质培养、道德教化，是不可能完成的。如果说，在以军事斗争为中心的武装夺取政权时期，处理马克思主义与中国传统文化的关系问题还没有那么急迫，那么革命胜利之后，随着社会主义建设的发展，特别是改革开放后社会转型期的道德、信念、理想、价值中呈现出的某种程度的紊乱，就成为一个亟待正确处理的问题。

"攻守易势"和"马上得天下，不能马上治之"，是中国历史的两条重要经验。在革命时期，中国共产党处于攻势，主要是推翻旧中国和改变旧秩序，夺取政权，一句话是攻；革命胜利之后，中国共产党掌握全国政权，不能只破还必须立。现在不是我们向原来当政者进攻的时代，我们自己就是当政者，就处在时刻"被攻"的地位。国家治理如何，社会状况和社会秩序如何，人民生活水平如何，生态环境如何，全国人民的眼睛都望着中国共产党，一切都要由我们当政者自己负责。从这个角度说，革命的胜利，取得全国政权的开始，同时就是攻守易势的开始。

"马上得天下，不能马上治之。"通过革命斗争打出的天下，不可能在治国理政、调整内部矛盾时照样沿用革命的方法，照用武装斗争的方法。正心诚意修齐治平，不是中国革命胜利之路，却是取得政权后当权者的修养和为政之道。以儒家学说为主导的传统文化包含有丰富的治国理政、立德化民的智慧。必须研究中国历史上治国理政的经验和中国传统文化，尤其是儒家学说中注重社会和谐和民本的治国理政的智慧，研究如何立德兴国、教民化民。如果说前 30 年有什么教训的话，我认为我们缺少这个方面。从反右斗争到"文化大革命"发动全国进行群众性的斗争，仍然可以看到"马上得天下，马上治之"的方式。党内党外仍然处在紧绷的斗争之中，剑拔

9

弩张，伤害了一些人。正是从这个教训中，我们理解了依法治国的重要性，理解了中国传统文化中优秀治国理政智慧的重要性，大力倡导树立和践行社会主义核心价值观，构建社会主义和谐社会，实现"马上"夺权到"马下"治国的精彩转身，对于一个民族来说，最有效的学习就是从自己的错误中学习。中国特色社会主义建设就是在不断总结经验中发展和前进的。

四、正确评价儒家在中华民族文化中的地位

中国传统文化博大精深。它流动于中华民族的生活方式之中、传统的风俗民情之中，凝聚于包括儒墨道法诸子百家经史子集的经典之中。儒家不是中国传统文化的全部，但处于主导地位。中华民族文化复兴具有极其丰富的内容，包括多方面的任务，不能简单理解为仅仅是复兴儒学。

儒家哲学主要是人生伦理哲学。梁启超把儒家哲学归结为八个字：修己安人，内圣外王。修己安人是儒家哲学的功用。它的作用就是修己，即个人的道德修养或说是修身。修己达到极处就是内圣，安人达到极处就是外王，即治国平天下。正因为儒家哲学是人生伦理学，因此，儒学中的命题都离不开人生问题。从孟荀讨论的性善恶问题、告子与孟子讨论的仁义之内外问题、宋儒讨论的理欲问题、明儒讨论的知行问题，都离不开做人的问题。修齐治平，都是道德修养的结果，都是内圣外

王的表现。

陈寅恪关于冯友兰《中国哲学史》的审查报告说："故二千年来华夏民族所受儒家学说之影响，最深最巨者，实在制度法律公私生活之方面，而关于学说思想之方面，或转有不如佛道二教者。如六朝士大夫号称旷达，而夷考其实，往往笃孝义之行，严家讳之禁。此皆儒家之教训，固无预于佛老之玄风也。"儒家学说由于它在中国封建社会的政治作用，无疑长期处于中国传统文化的主导地位。以儒家学说为主导的中国传统文化的重要性，是毋庸置疑的。它是中华民族的血脉和文化之根。我们不可能也不应该割断中华民族的文化脐带，否定中国传统文化。

中国传统文化中的哲学智慧深如汪洋、高如崇山，尤其是其中的辩证智慧和丰富的生态观念。儒家学说虽然不能等同于中国传统文化，但与中国传统文化的基本精神是一致的，具有辩证性。任何片面性都会导致曲解。儒家既讲和，和为贵，又讲礼，"知和而和，不以礼节之，亦不可行也"。礼就是原则，因此"和"是有原则的和，而不是无条件的和。既讲"以德报德"，又讲不能"以德报怨"；既讲"仁者爱人"，又讲"惟仁者，能好人能恶人"。有爱有憎，不是只爱无憎。既提倡"穷则独善其身"，孔颜乐处，也倡导"达则兼济天下"。既倡导服从，不能犯上，也倡导"匹夫不可夺志"的独立人格，倡导"富贵不能淫，贫贱不能移，威武不能屈"的大丈夫精神。既讲富民，也讲教民。既讲尊君，也讲民本：居庙堂之高，则忧其民；处江湖之远，则忧其君。既讲向善，也讲向上。既讲民富，也讲国强。既讲厚德载物，也讲自强不息。既讲向善，也讲求真。儒家提倡"杀身成仁""舍生取义"，仁和义是付出生命代价的原则，而不是把自己变为盲目的杀人机器。这是与所谓"武士道"精神完全不同的中华民族精神。

中华民族传统文化是中华民族的精神家园。推翻具有半封建半殖民地社会性质的旧中国，建立社会主义形态的新中国，必须坚持马克思主义思想理论指导，必须有一个科学的世界观和方法论。可要使马克思主义在中国有生长的思想文化土壤，要保持中国人的中华民族特性，要使中国人有颗中国心，必须继承中国传统优秀文化和优秀道德。如果不以中华民族传统优秀文化和优秀道德来涵养中国人，没有对中国传统文化和优秀道德传统的继承，就培养不出有高度文化素质和道德素质的有教养的中国人。即使取得政权，也不可能建设一个具有高度发达文明和文化的新中国。

中国是多民族国家，我们重视民族文化的多样性，但更要重视中华民族文化一元性的认同。这是维护民族团结、国家统一的思想文化黏合剂。习近平总书记说："一个国家、一个民族的强盛，总是以文化兴盛为支撑的，中华民族伟大复兴需要以中华文化发展繁荣为条件。"历史证明了这个真理，凡以军事力量建立的大帝国，如罗马帝国、蒙古帝国、奥斯曼帝国、波斯帝国，都不可能单纯依靠军事力量来维系。一旦解体，就会分裂为许多各自拥有自己民族文化的国家。一个国家没有占主导地位的统一的文化、没有能相互交流的统一的语言，就没有向心力和凝聚力。苏联解体后的情况，就是如此。原来互为一家，现在有些以邻为壑。

五、中国传统文化创造性转化和发展

民族是文化的主体，文化是民族的血脉。清末中华民族传统文化的危机，与中华民族的困境相伴而行。而中华民族的复兴，则是中华民族文化复兴的前提。一个民族文化的命运与民族自身的命运不可分。毛泽东曾经说过："伟大的胜利的中国人民解放战争和人民大革命，已经复兴了并正在复兴着伟大的中国人民的文化。"没有中华民族的复兴，就不会有中华民族的文化复兴。

只要看看世界文化史，看看当今战火纷飞民不聊生的伊拉克、叙利亚、利比亚，看看内乱不已的埃及，想想巴比伦文明、两河流域文明、埃及尼罗河文明昔日的辉煌，就可以明白这个道理。一个民族自身的盛衰兴亡决定这个民族的文化命运。任何国家处于分裂，民族处于危亡之际，文化不可能独自辉煌。正是因为中华民族在复兴，孔子才能周游世界，以中国传统文化为内核的国学才能兴起，儒学才能重放异彩。

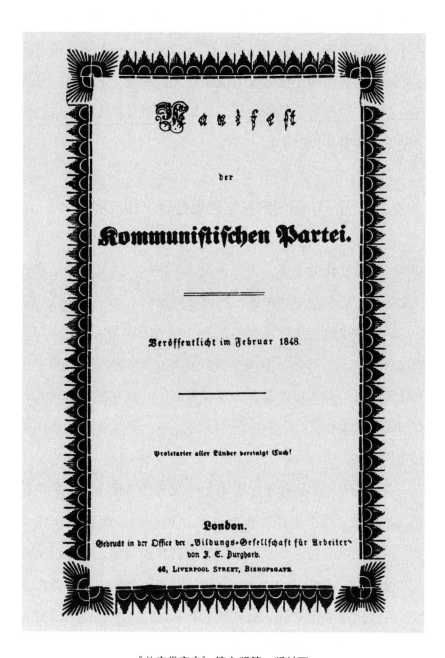

《共产党宣言》德文版第一版封面

　　只有从民族复兴是文化复兴前提的角度看，我们才能理解五四时期先进知识分子，面对千年从未有之变故，为求民族之生存，把中国传统文化称为旧文化，而把自己追求的科学和民主称为新文化的合理性和必然性。传统文化的载体最主要的是儒家经典。反对"尊孔读经"是五四时期先进知识分子的普遍思潮。其实，他们都是具有最丰厚旧学修养、熟稔中国古籍的人。发端于1915年逐步酝酿而爆发的五四新文化运动之所以称新文化运动，如果脱离当时历史条件而只就文化自身来划分新旧界线，必然导致文化虚无主义。新文化运动的新，并非针对整个中国传统文化，而是在民族处于存亡之际，把矛头指向服务于封建制度的旧道德、旧的思想传统。五四新文化运动是一次倡导科学和民主的启蒙运动，在文化运动背后包含着追求民族复兴的期待。当然，五四运动留下一个负面影响，这就是把传统文化笼统称之为旧文化，而把民主和科学称为新文化，这种新旧文化二元对立的观念，堵塞了由传统文化向当代先进文化转化的可能性和途径。

　　中华民族文化如黄河长江，不可能抽刀断流简单区分为新与旧，而是民族精神中的源与流。中国传统文化是中国社会主义文化之源，是文化母体。没有源，河流必然干涸，必然断流。中国文化的特点是源远流长，具有持久性、不间断性和累积性。魏徵《谏太宗十思疏》曾讲到源与流的关系，说"欲流之远者，必浚其泉源"。"源不深而望流之远""塞源而欲流

15

长"根本不可能。当代中国文化同样存在"浚源"与"塞源"的问题，要"浚源"而不能"塞源"。这当然不是说，我们可以原封不动地保持中国传统文化。源是文化母体，流是文化的延续。文化是流动的水，它不会停止。可是它往哪个方向流，是与政治道路选择密不可分的。

中国传统文化在近代的流向有不同的主张：往回流、往东流、往西流、往前流。往回流，是辛亥革命后的复辟派，以及当代中国个别新儒家中主张"儒化社会主义""儒化共产党"的思潮。这是往回流的复古思潮。往东流是甲午中日战争后，中国败于自己的学生日本而引发的留学东洋的热潮，但很快就为西流所取代。往西流是主张"全盘西化"。这种思潮，是反对"中国文化优越"论的保守旧思想，其中包含向西方学习的某些合理主张，可"全盘西化"的政治道路是走不通的。在当代社会主义中国，"全盘西化"则是与中国特色社会主义道路逆向而行的思潮，其中不乏"西化"和"分化"的诱饵，是为在中国推行"颜色革命"从思想上铺路。可以说，往回流、往东流、往西流，都是中国传统文化的断流。只有继承和发扬中国传统优秀文化，吸取西方先进的优秀文化，建立社会主义先进文化，才能使中华民族文化滚滚前流。保持中国传统文化滚滚前流的机制，就是习近平总书记提出的以马克思主义为指导的创造性转化和创新性发展。

六、可不可以"尊孔读经"

中国传统文化创造性转化中，有一个重要问题就是文化复兴与文化复古的界线问题。其中最尖锐最具争论性的问题，就是要不要尊孔读经，可不可以尊孔读经。按照历史唯物主义观点，没有抽象的真理，真理是具体的。为维护封建制度或复辟封建帝制的"尊孔读经"，无论是清末的中体西用还是"袁世凯们"提倡的"尊孔读经"，都是我们必须反对的。某些文化保守主义者提倡的以对抗马克思主义为目的、以抵制西方文明优秀成果为旨归的"尊孔读经"，也是我们不能赞同的。

在社会主义条件下，"尊孔读经"是另一种性质的问题。此一时，彼一时。经，要不要读？这是毫无疑问的。"经"是中国传统文化的文本载体，要深入研究和理解传统文化，读经是必经之路。"孔"，要不要尊？孔子是中国伟大的思想家、教育家，是中国传统文化的整理者、继承者和创造者，理应受到尊敬。关键不在于是否"尊孔读经"，而在于为什么读，如何读；为什么尊，如何尊。创造性转化，是文化复兴和文化复古的界线。文化复兴立足点是今，是古为今用；文化复古的立足点是古，是今不如古。

只有创造性转化，才是正确处理马克思主义与中国传统文化关系的枢纽。而创造性转化的理论和方法论原则，就是坚持马克思主义的基本理论和方法论指导。我们不可能仍然按照封建统治者的态度对待孔子和儒家学说。中国的变革,不是沿着原有的改朝换代方式向前发展,而是社会形态的变化。这种变化,不可能不改变孔子和儒学在封建社会原来的地位和功能。中国共产党人从中国历代帝王对孔子加封的那些"阔得吓人的头衔"中,既看到孔子在中华民族的地位,同时也看到历代统治者尊孔的政治意图。中国共产党人同样尊重孔子,但不是把他作为维护既定社会秩序的思想工具。中国共产党人是革命者、是改革者,是一切既得利益和等级制度的反对者。我们要真正恢复孔子作为中国伟大文化整理者、创造者、伟大思想家、伟大教育家的地位,还原一个在中华民族文化创建中具有至高无上地位的真实的孔子。对于儒家学说,我们也不是像历代封建王朝那样看重论证等级制度合理性、维护既定社会秩序的政治职能,而是吸取其中治国理政、道德教化的哲学智慧和人生伦理智慧,清洗它在中国传统文化中处于主导作用的浓重的政治性因素,重视它对中华民族特性塑造的文化功能,并与中国传统文化中博大精深的多种智慧相结合。

我们提倡中华民族的文化复兴、祭拜孔子、阅读经典,不是简单呼唤回归儒学,回归传统,更不是独尊儒术。祭孔,是国家大典,表示我们国家对中华民族伟大先圣孔子的尊敬,并非要在所有地方、所有学校普遍开展全民的祭孔运动;读经,深入研究经典是国学家的专业,也并不需要学校普遍开展全民读经活动。在中国传统文化的教育中，我们当然要注重经典的学习。但终究不是所有学生都是国学家或准备当国学家。在当代世界，我们应该引导学生的目光关注世界，关注世界形势和科学技术的新发展；关注现实，关注中国特色社会主义的建设。我们不能把学生的全部注意力和兴趣引向"古书"。专业研究是一回事，传统文化教育是另一回事。

传统文化教育更不能取代马克思主义教育。马克思主义教育完全能够与中国传统文化教育相结合，并行不悖，相得益彰。如果社会主义国家的青年学生不学习马克思主义，对什么是辩证唯物主义、什么是历史唯物主义、什么是资本主义、什么是社会主义，对马克思主义最基本的原理，如生产力和生产关系、经济基础和上层建筑等一点常识都没有，那请问，他们拿什么去观察当代世界，观察当代社会，观察我们的国家呢？而且可以断言，不懂马克思主义基本理论和方法，对中国传统文化的精髓也很难把握。

在中国传统文化教育中，应该区分学生的文化程度和接受水平，有选择性地阅读"经典"，包括某些骈散名篇，诗词佳作。这有利于文化素质和道德水平的培养。但对没有分辨能力的青少年，要加强引导。我不赞同不加区分地宣扬用《女儿经》去造就现代的淑女和闺秀，用《二十四孝》中的"埋儿得金""卧冰求鲤"作为孝道的榜样，用《弟子规》把我们的孩子培养成"中规中矩""低眉下眼"没有创造性的小大人，更反对不问是非只讲温良恭俭让的绵羊性格。

中国传统文化是阴阳合一、刚柔相济的文化。当代世界并不平静,波涛汹涌,要有忧患意识。我们要重视培养我们青少年的爱国主义传统,刚健有为,有血性、有刚性、有韧性。这是中华民族复兴伟大事业代代相续不会中断的保证。"加强爱国主义、集体主义、社会主义教育,引导我国人民树立和坚持正确的历史观、民族观、国家观、文化观,增强做中国人的骨气和底气。"习近平总书记这段话,应该是我们重视中国传统文化教育的根本目的。

七、结　语

不要抽象地争论马克思主义指导和中国传统文化的关系,尤其是非历史主义地争论马克思主义与儒学的高下优劣抑扬褒贬。一个是中国革命和社会主义建设的思想理论指导,一个是中华民族的精神血脉和中华民族的文化之根。应该用历史唯物主义观点处理马克思主义与中国传统文化的关系,反对蔑视以儒学为主导的中国传统文化的文化虚无主义,中国的马克思主义可以从中国传统文化的精髓中得到思想资源、智慧和启发,但也要防止以高扬传统文化为旗帜,反对马克思主义、拒斥西方先进文化的保守主义思潮的沉渣泛起。

第二章　做坚定的马克思主义
理论工作者

"姓马"容易"信马"不易。"姓马"是专业，"信马"是信仰。专业可以变为单纯谋生的手段，而信仰则是高于谋生的精神追求。我们应该做一个信仰坚定的马克思主义理论工作者。

一、马克思主义是科学学说
还是信仰

有人问我：马克思主义是科学学说还是信仰？马克思主义当然是科学学

说，但对以马克思主义为指导的共产党来说，对马克思主义者和一切反对资本主义制度的革命者来说，马克思主义学说可以成为一种信仰。这里所说的信仰，就是行为原则、理想追求、价值目标。

马克思主义是科学学说，它是以事实为依据，以规律为对象，以实践为检验标准的学说。事实、规律、实践，是任何一门科学的本质要素。不以事实为依据、不研究规律、不以实践为检验标准的所谓"学说"，不能称为科学。马克思主义是科学学说，马克思和恩格斯创立马克思主义依据的就是事实。马克思主义政治经济学依据的是资本主义社会的经济事实，马克思主义哲学是对自然科学和社会科学的总结，尤其是19世纪上半叶自然科学和社会科学研究提供的科学成果；至于科学社会主义不同于空想社会主义的地方，正在于它是立足于资本主义社会现实的。马克思主义基本原理，包括哲学原理、政治经济学原理、科学社会主义原理，都是以事实为依据，以规律为对象，经过实践检验且仍然经得起实践检验的具有规律性的认识。当然，它不可能详尽无遗地包括马克思和恩格斯的全部思想。我们还在不断地根据新的时代，新的事实进行研究。基本原理可以丰富、运用和发展，但不能推翻。当代中国马克思主义在哲学、政治经济学和社会主义学说的发展，其事实依据就是我国国情和我国发展的实践，成果就是对中国特色社会主义规律的新的概括和新总结，而标准仍然是实践。事实依据、规律概括、实践标准，是马克思主义作为科学学说始终如一的要素。

马克思主义学说是科学，绝不是说马克思主义揭示的规律可以没有人的参与而自动起作用。相反，它必须有这种学说的信仰者为之奋斗，为之实践，马克思主义学说的理想才有可能实现。正如普列汉诺夫说的，月食是客观规律，没有人为阻止月食或促进月食而组织月食党，但为实现无产阶级革命必须组织革命党。由学说进到行动，由理论进到实践，必然进入到对马克思主义科学学说的信仰维度。一个不为马克思主义理想而奋斗，不为社会主义和共产主义理想而奋斗的共产党，只是徒有其名的"共产党"；一个不为马克思主义理想而奋斗的人，最多可成为马克思主义的研究者，而不是信仰者；可成为学者，而不是马克思主义者。

马克思主义作为科学和作为信仰有区别吗？当然有。科学是共有的、普遍的，而信仰是个人的。马克思主义作为共产党的信仰，其中就包括每个共产党员个人的共同信仰。马克思主义所揭示的规律，对所有的人都适用。资产者们可以不喜欢劳动价值论，不喜欢剩余价值学说，不喜欢阶级和阶级斗争学说，不喜欢社会主义最终会取代资本主义社会的学说，总之，他们可以不喜欢马克思主义学说，反对或禁止马克思主义的传播，可是马克思主义揭示的规律照样存在。中世纪不会因为神学家们的反对，地球就不再围绕太阳旋转。马克思主义揭示的基本规律也不以人们的意志为转移，个人好恶取舍无碍于它的存在。"不为尧存，不为桀亡"，用在此处，十分贴切。

信仰则不同。马克思主义只有对共产党人，对马克思主义者，对一切拥护马克思主义的人来说，它才是信仰。对于一切反对马克思主义的政党或学者，它就不具有信仰的性质，而是反对的对象，被视为歪理邪说。任何信仰都是信仰者的信仰，而不能成为不信仰者的信仰。作为一种信仰，可以有马克思主义的信仰者，也会有马克思主义的反对者。即使在马克思主义队伍内部，信仰的坚定性程度也不会完全一样。

对坚定的马克思主义者来说，科学和信仰是统一的。一个马克思主义者的信仰是否坚定，取决于他对马克思主义科学性的态度。越是深入地理解马克思主义的科学性，个人信仰越是坚定。马克思主义的科学性是信仰坚定性的理论基础；而信仰坚定性是马克思主义学说科学性的内化，化为内心的坚定的信念和情感："砍头不要紧，只要主义真。杀了夏明翰，还有后来人。"科学理论动摇，信仰就会随之倒塌。这就是为什么恩格斯要求追随者们要把社会主义作为科学来研究的原因。

二、科学信仰和宗教信仰的区别

在历史和现实中把马克思主义宗教化的学者并不少见。著名哲学家罗素在他的《西方哲学史》中说，耶和华等于辩证唯物主义，救世主是马克思，无产阶级是选民，共产党是教会，耶稣降临是革命，地狱是对资本主义的处罚，千年王国是共产主义。这种比附当然是曲解，不值一驳。在当代，把马克思主义宗教化的现象并不罕见。约瑟夫·熊彼特在《资本主义、社会主义和民主主义》中就明确说，"在某种意义上说，马克思主义是一种宗教"，因为，"第一，它提供了一整套最终目标，这些目标体现着生活的意义，而且是判断事物和行动的绝对标准；第二，它提供了达到这种目标的指南，这一指南包含着一个拯救计划，指出人类或人类中被选择出来的一部分应该摆脱的罪恶"。指摘马克思主义把资产阶级定为罪人，无产阶级视为上帝选民，资本主义视为罪恶，共产主义视为千年王国，是一种常见的歪曲和曲解马克思主义本质的伎俩。马克思主义宗教化，是把为改变此岸世界而斗争的学说，变为憧憬彼岸世界的梦想。理想化为幻想，革命学说变为劝世箴言。

宗教信仰是个人的私事，我们党保护宗教信仰自由。马克思主义作为信仰和宗教信仰有本质区别。马克思主义的信仰，是以事实为依据的信仰，是建立在规律基础上的信仰；宗教信仰是建立在"信"的基础上的信仰，我"信"因而我信仰。宗教信仰不追问"为什么可信"，而是"信"；科学学说不是问"信什么"，而是要问"为什么可信"。不能回答"为什么信"，"可信"的科学根据和事实根据是什么，就没有科学；而穷根究底地追问为什么信，为什么可信，信仰的科学根据和事实根据是什么，就没有宗教信仰。

马克思主义是救世的，是改造社会的，是认识世界和改造世界的学说；而宗教是救心的，宗教信仰是自救自赎的。宗教不企图改变世界，改变社会，而是各人回归自己的内心世界，改变自我。马克思主义解决的是社会不公问题，而宗教解决的是个人灵魂失衡问题。宗教抚慰对宗教信仰者有效，而对非信仰者无效。马克思主义以解放人类为目标，解决社会向何处去的问题。不管你对马克思主义信与不信，消灭剥削，消除两极分化，消灭阶级，获得解放的不是某个人，而是整个社会。

马克思主义是治河换水，治水救鱼，只有水好，鱼才能成活；宗教是救鱼的，水有没有污染是否适合养鱼，这不是宗教的任务。宗教劝导各归本心，培养自己的慈悲心、善心、爱心。宗教有各种清规戒律，规范信徒的行为。从这角度，宗教具有伦理性质，修心养性，行善积德，劝人为善。宗教有它特有的社会功能，我们重视宗教对人心教化的良性作用。但社会不可能通过逐个改造人心而得到根本改造。只有变革社会，建立一个共同富裕的公平正义的社会，人才真正有安身立命之处。

对于虔诚的教徒来说，自己信仰的宗教是不能被批评的。马克思主义不仅批判世界，而且提倡自我批评。一个郑重的马克思主义政党，是一个有自我批评勇气，有改正错误勇气的政党。中国共产党一贯倡导批评和自我批评。一个坚定的马克思主义者，不仅对反马克思主义思潮具有战斗性，还能够审查自身理论阐述的真理性和说服力。一个只能接受点赞而不接受批评的共产党，不是成熟的共产党；一个只讲蛮话，讲硬话，不准对自己观点质疑的人不是真正的马克思主义者。马克思主义者的坚定性表现为勇于坚持真理，敢于实事求是。乌云难以蔽日，真理不怕反驳。

三、十月革命送来的是真马克思主义

十月革命成果的丧失，苏联社会主义的解体和东欧社会主义国家的剧变，引起一些论者的怀疑：俄国十月革命一声炮响究竟为中国送来的是真马克思主义，还是假马克思主义？是马克思和恩格斯的真经，还是俄国人自己炮制的"二手货"？如果认同后者，马克思主义中国化的前提就发生了根本动摇，九十多年来马克思主义中国化的历史被一笔勾销。

中国早期进步知识分子接触马克思主义的途径很多，开始并不是俄国，而是在日本、在法国，但就马克思主义在中国传播最具影响，作用最大来说，当然是俄国十月革命。毛泽东说："十月革命一声炮响，给我们送来了马克思列宁主义。"这个判断的重大意义在于说明，对于正在寻找出路的中国革命者来说，不可能从日本找到出路，也不可能从西方找到出路，更不可能从十月革命之前关于马克思的片言只语的介绍中认识马克思主义。

俄国十月革命为中国树立了一个新榜样，这就是应该从无产阶级革命中寻找出路，从马克思主义中寻找指导，从社会主义中寻找出路。正是在十月革命的巨大影响下，李大钊在《新青年》第五卷第五期上发表了热烈欢呼十月革命的文章《庶民的胜利》和《布尔什维主义的胜利》，之后又在《新青年》上发表著名文章《我的马克思观》《马克思学说》《马克思研究》《马克思传略》等，比较全面地介绍了马克思主义的基本理论。这些文章都是在十月革命之后撰写和发表的。这不是偶然的。也就是说，俄国十月革命为中国革命者打开了另一扇窗子，而不再把眼睛盯住日本和西方，盯住资本主义世界。十月革命一声炮响送来马克思列宁主义，是对中国早期革命知识分子为改变中国命运，找到"真经"、找到"出路"的一种最形象的说法。

其实，中国共产党人并不只是读俄国人的著作。《共产党宣言》《资本论》《反杜林论》《费尔巴哈论》《哲学的贫困》等等，也不能说是俄国人的著作。列宁著作也不能说是假马克思主义。毛泽东就推崇过列宁的《社会民主党在民主革命中的两种策略》《共产主义运动中的左派"幼稚病"》《帝国主义论》《唯物主义与经验批判主义》《哲学笔记》等等。我们不能把列宁主义与马克思主义对立起来，把列宁主义摒弃在马克思主义之外。列宁主义是列宁根据俄国实际情况发展了的马克思主义，理应包括在马克思主义之内。

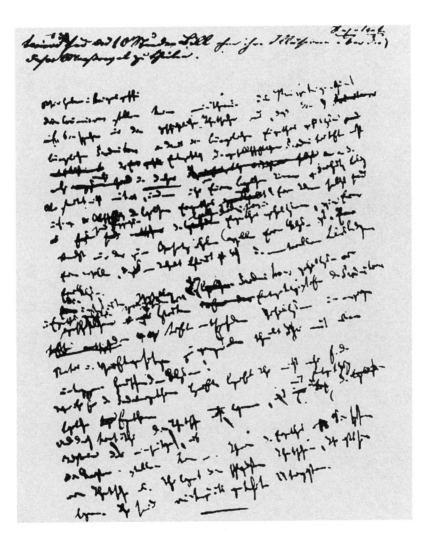

《共产党宣言》手稿第一页

我们国家也翻译过苏联时代马克思主义者的著作，这些著作不能说都是伪造马克思主义的著作。以苏联解体作为判断依据，把列宁著作，也包括我们曾经翻译过苏联学者的著作全都归为二手货，这不能认为是实事求是的态度。苏联学者关于马克思主义的著作中某些论点可能会存在某些错误，有些教条化的倾向，这不能成为十月革命一声炮响送来的不是马克思主义，而是假马克思主义的依据。

十月革命为人类开辟了一条新的道路，这是具有世界历史意义的伟大事件。十月革命对中国革命具有重大影响，但中国革命并不是十月革命的翻版。中国不是走城市工人武装起义的道路，而是走农村包围城市的革命道路；中国的社会主义革命也不是剥夺资产阶级，不是把民族资产阶级作为敌人而是作为朋友，采取的是赎买政策。中国革命的道路和社会主义建设道路，不是俄国道路的翻版，而是马克思主义与中国实际相结合的道路，这个道路我们称之为马克思主义中国化的道路。

关键不仅在于马克思主义在中国的传播是经过十月革命一声炮响送来的，更重要的是在于中国共产党人如何对待从俄国传来的马克思主义，包括从俄文翻译过来的马克思和恩格斯著作，列宁、斯大林的著作，以及俄国马克思主义学者的著作。中国共产党和毛泽东同志历来主张要从中国实际出发，实事求是地运用马克思列宁主义，要学习马克思主义的立场、观点、方法，而不是马克思主义的词句或个别论断。这种对待马克思主义的态度，难道会因为马克思主义是十月革命一声炮响送来的而会变成非马克思主义，变成"二手货"吗？

在社会主义建设的某个时期，我们的某些实际政策和体制会受到苏联的影响，因为当时没有别的社会主义建设样板，但我们并不是对苏联亦步亦趋。中国从"以俄为师"转向"走自己的路"，到建设"中国特色社会主义"，走的是一条马克思主义与中国实际相结合的道路。"二手货"论的观点，无法解释马克思主义中国化的历史，也无法解释中国化马克思主义的伟大成就。

四、摒弃共产主义理想，就不是马克思主义

谈论马克思主义完全避开共产主义理想，就不可能是真正的马克思主义者。很多年来，"共产主义"这个词似乎已经被遗忘了。最近，习近平总书记多次讲到共产主义理想问题。他说，革命理想高于天，实现共产主义是我们共产党人的最高理想。对马克思主义理论工作者来说，共产主义理想和信仰的确是钙，是脚跟能否立稳，腰杆能否挺直的关键。

我们的改革，取得了举世瞩目的伟大成就。但我们也看到一些与改革初衷不符的现象，如两极分化，贫富对立，官员腐败、社会道德与价值观念的混乱，生态环境的恶化；看到了市场经济对中国经济发展的巨大促进作用，也看到了它的某些消

极面，它对社会的政治、思想和道德带来的侵蚀。马克思主义应该是社会医生。在旧社会，我们通过社会革命的方法治病；在当代社会主义中国，我们是通过深化改革"治病"。改革是通向中华民族伟大复兴的关键。习近平总书记说，这种改革是有方向的、有立场的、有原则的。原则就是坚持四项基本原则；立场就是一切为了人民，一切使人民幸福满意；方向就是通过社会主义自我完善并逐步走向共产主义。

在现实生活中，对共产主义理想我们可以看到有两种不同态度：一种是少数不当利益获得者，暴富者，一听"共产主义"就感到浑身发毛。似乎此时谈论共产主义目标和理想，就是否定改革，否定中国特色社会主义；另一种是对贫富两极化不满，对自己处境不满的人，什么共产主义，纯粹是乌托邦。我看不到，我儿子看不到，我孙子也看不到。两种不同的议论，仿佛处在同一链条中的两端。处在链条一端的既得利益者害怕共产主义；处在链条另一端的人，根本不相信有什么共产主义。

这里涉及什么是共产主义的理解问题。共产主义应该包括三种不同的含义。其中，作为社会形态的共产主义，是指社会主义社会发展的高级阶段。它需要生产力的高度发展，需要物质财富和精神财富极大丰富。这是需要多少代人努力才能建设成的。我们距离这个目标还很遥远，但并不能因其遥远而根本不能提。恩格斯在《共产主义原理》中回答"能不能一下子就把私有制废除？"时，明确说："不，不能，正像不能一下子就把现有的生产力扩大到为实行财产公有所必要的程度一样。因此，很可能就要来临的无产阶级革命，只能逐步改造现社会，只有创造了所必需的大量生产资料之后，才能废除私有制。"在人类历史上，私有财产制度是人类走出原始社会进入文明社会的杠杆。在资本主义社会，资本主义私有财产制度对人类文明的发展和生产力的发展起过非常积极的作用，《共产党宣言》对此有过公正的评价。当一种所有制关系仍能够容纳生产力发展时，它就有存在的必然性和必要性。我国仍处在社会主义初级阶段，私有财产制度的存在和发展有着积极的作用。我们并不反对私有财产制度，但要坚决反对动摇公有制主体地位和国有经济主导作用的全盘私有化思潮。

作为成份的共产主义因素，可以存在于社会主义现实中。共产主义高级阶段不是在某个早晨一觉醒来就会出现的，它有个不断积累的过程，是一种具有连续性的运动过程，是一个共产主义因素在社会主义过程中不断增长的过程。在这种意义上，共产主义并非"烟涛微茫信难求"的太虚境界。马克思明确说过："共产主义对我们来说不是应当确立的状况，不是现实应当与之相适应的理想。我们所称为共产主义的是那种消灭现存状况的现实的运动。"在我看来，我们党中央确定的"四个全面"的战略布局，强调共同富裕，强调全部脱贫，强调在教育、医疗、住房等方面，既让市场在资源配置中起决定性作用，又发挥政府的作用、公共财政的作用。凡是泽及全体人民的公共福利，不断增进人民福祉，朝共同富裕方向前进，就是在社会主义中不断增加共产主义因素。因为它不是一手交钱一手交货的纯市场行为。在一定意义上，可以说是最低程度的按需分配。

千里之行，始于足下，九层之台，起于垒土。社会主义社会中的共产主义因素的增加，是非常重要的，也是可以做到的。我们国家实行的市场经济，是社会主义市场经济。市场在资源配置中的决定作用与更好地发挥政府作用并非冰与炭，而是相得益彰。我们一定要明白，我们的经济运行方式是市场经济，但我们社会的性质是社会主义，而不是市场社会，即不是把社会全部交给市场支配，让看不见的手作为上帝主宰一切的社会；我们社会的主导观念是社会主义核心价值观，而不是以货币作为衡量一切关系的拜金主义观念。

有人会说，西方发达国家尤其是一些福利国家，这方面比我们做得更好。如果说共产主义因素的话，它们才应该叫共产主义呢！这里有个最简单但又最不容易被一些人明白的道理。在资本主义制度下这种社会福利多少，能否持续维持，取决于劳动者能创造多少财富。税收从本质上说是剩余劳动的积累。归根到底是羊毛出在羊身上，而非富人的恩赐。"羊毛出在猪身上"的说法是蒙人的。说到底，资本主义制度下的社会福利，最终目的仍然是维护资本主义制度，是稳定资本主义制度的压舱石。因此某些福利国家仍然是改善了的资本主义社会，而不是社会主义社会，更不会走向共产主义。

我们国家仍然是发展中的国家。我们的社会福利还不多，还不普及，但从本质和发展总的方向来说，是朝着共产主义方向前进的。正是通过这种因素的不断增加和积累，经历一个相当长的时期建设会逐步超出社会主义初级阶段而变为发达社会主义社会，并逐步走向共产主义。借用中国传统文化的说法，是由"小康社会"走向"大同社会"。这个过程的长短取决于国际国内的多种因素，但我们是在朝着这个方向前进的。现实与理想相比，是不完美的，与不完美的现实相比，理想是超越的。我们国家的社会福利虽然现在还少，但它不是贫富分化，只有一部分人富起来的现实状况的固化和补救，而是朝共产主义社会一步步前进的台阶。

从理想目标角度来看的共产主义，是马克思主义的本质和共产党人奋斗的最高纲领。如果不以共产主义为目标，马克思和恩格斯为什么要撰写《共产党宣言》（以下简称《宣言》）？在《宣言》中，马克思和恩格斯毫不隐讳地向全世界公开说明的观点、目的和意图是什么？《宣言》开宗明义写得清清楚楚。没有共产主义目标，就不是马克思主义，也不会产生马克思主义。不以共产主义为最高目标，中国共产党何必称之为共产党？如果中国共产党不是朝共产主义前进，那我们是朝什么目标前进呢？没有目标的航行是永远不能抵岸的航行。这不能被称为航行，而只能被称为漂流。一个随波漂流的共产党，能称为马克思主义政党吗？正因为中国共产党是以共产主义为最高纲领和目标的党，因此我们要求共产党员和革命干部应该立足现实，尽心尽力做好本职工作，在实现"两个一百年"奋斗目标的同时，不能忘记这个远大理想和目标。

要不要对青少年进行共产主义理想教育，会有争论。其实任何社会制度都会有关于自己制度的理想，都会宣传这种理想。资本主义社会诞生前，反对封建制度的启蒙主义者们抱有对新制度的期待，他们是一些有卓越才能的思想家和理论家，是憧憬新制度的理想主义者；在资本主义诞生并巩固后，资本主义制度的辩护者和理论家们，他们制造各种理论和学说，宣传私有制度是人类社会的永恒基础，个人主义是人类最高价值，资本主义制度是不可超越的制度。他们实际上是在进行资本主义优越性的宣传和教育。这种维护资本主义社会的理论和学说，不仅影响和培育一代又一代的资本主义的拥护者，甚至影响到无产者。只要读读葛兰西的《狱中札记》，读读马尔库塞的《单向度的人》，就懂这个道理。

为什么中国共产党就不能宣传自己的理想呢，就不能用自己的理想教育我们的青少年呢？我们的先烈为共产主义理想而牺牲，推翻了旧政权，但不可能一下就消灭了几千年私有制度的观念。私有观念比旧的制度要活得长久。资本主义私有制度与传统的私有制观念在本质上是相一致的，它是延续了几千年的私有制度的当代形态，具有深厚的私有观念的传统。现代世界的人类，是在延续了几千年私有制度下生长起来的，因而私有观念已经被西方有些学者视为人性，资本主义私有制度是与人性相适应的制度。只要读读弗兰西斯·福山把共产主义视为与人性相对立的制度就可以知道。在他看来，资本主义是符合人性的，而"共产主义对自由构成的威胁是如此直接和明确，其学说如今这样不得人心，以至于我们只能认为它已经被完全赶出发达世界"。

我们很清楚，共产主义理想和信仰的教育是一个艰巨的任务。现实的发达的西方资本主义社会，比刚刚摆脱贫困的我们国家具有某些先发优势。这就是为什么有些人看不到当代中国发生了百年未有之大变局，总是振振有词为资本主义优越性辩护的原因。但我们不能因此就放弃共产主义理想教育。共产主义理想教育，不是讲空话、讲大话。我们在进行社会主义核心价值观的教育，进行中国传统基本的伦理和道德教育的同时，适当进行共产主义教育，进行共产主义远大理想教育，并不是要他们立即从事共产主义建设，而是把它作为世界观和人生观教育的一部分，让我们的青少年明白人类社会将来在朝什么方向前进，什么样的制度是人类最美好的制度，什么样的理想是人类最美好的理想。虽然我们现在距离共产主义社会还有很长一段路，但如果我们的青少年特别是大学生，一点不懂社会发展史，不懂什么是共产主义，就不可能真正理解什么是社会主义，什么是资本主义，不可能真正理解当代中国社会主义初级阶段的本质和中国社会的未来走向。

不能把共产主义理想教育和现行政策对立起来。在多种所有制并存的条件下，会有民营企业家，会存在贫富差别，会有一部分人成为亿万富翁；在市场经济条件下，会存在资本和劳动的分离，一部分人是企业主，而另一部分人是依靠工资为生的劳动者。我们并不反对合理合法地拥有财富。富人增多，中产阶层壮大，有利于社会总体财富增加。社会总体财富的增加，有利于增进全民福祉。马克思说过，"如果没有这种发展，那就只会有贫穷，极端贫困的普遍化，而在极端贫困的情况下，必须重新开始争取必需品的斗争，全部陈腐污浊的东西又要死灰复燃"。但我们应该把我们的现行政策放在共产主义学说的理论总体框架内来理解。

我们反对强调共产主义目标和理想，而采取"左"的政策，重新回归平均主义。这方面我们有过教训。但我们也必须明白，中国特色社会主义是属于共产主义这个总过程的一个阶段。它是过程，而不是终点；现存的种种社会矛盾也是前进过程中的现象，应该通过全面深化改革逐步化解，而不是加深和固化。如果把共产主义目标排除在中国特色社会主义事业之外，完全不许讲共产主义理想和目标，这种不知最终向何处去的"改革"，会模糊人们对中国特色社会主义道路的最终走向的认识，容易被一些人对我们的改革开放政策做出种种错误解释。这正是新自由主义最最期待的。

共产主义事业是伟大的充满艰难险阻的事业，也是长远目标。一个坚定的马克思主义理论工作者，不能因为自己的生命短暂看不到共产主义社会的实现而发生动摇。我们每个人的生命是有限的。如果我们的眼界受制于个体生命的长度，而非马克思主义理论的厚度和深度，我们往往是短见的、近视的，遇到挫折和风波就会动摇。这就是为什么革命胜利、革命高潮时，"马克思主义者"如此多，而在革命低潮，在革命失败，在社会主义遇到严重挫败时，原来的所谓"马克思主义者"有些人倒戈、忏悔。他们都是以自己的生命长度作为衡量理论、信仰价值的尺度。

五、姓马光荣，信马很难

姓马是光荣的，历史上没一种学说有马克思主义如此大的吸引力、凝聚力；也从来没有一种学说像马克思主义这样，如此深深地改变世界，使资本主义世界对它如此害怕；也没有一种学说像马克思主义这样让维护资本主义的形形色色的理论家为驳倒它而绞尽脑汁、劳心费力。一代又一代、一批又一批，一次一次宣布马克思主义已经被消灭、被驳倒，可马克思主义依然是当今世界最具影响力的学说。

苏联解体、东欧剧变，不是马克思主义的失败，而是教条主义和修正主义的失败，是一种僵化体制的失败。它从反面证明了马克思主义的真理性。苏联解体和东欧剧变并不是因为当政者创造性地，与本国实际结合起来应用马克思主义，而是走了一条由教条主义到修正主义，到最终解散共产党取消马克思主义的道路。走了一条由深陷泥潭到彻底没顶的道路。

马克思主义与社会主义现实之间，存在着一个由理想转变为现实的中间环节，这个环节就是共产党人的实践和实际路线和政策。马克思主义真正发挥作用必须有一个马克思主义政党，有一大批矢志不渝为之奋斗的忠诚信仰者和实践者。宣布取消共产党领导，取消马克思主义的指导地位，就注定没有任何可能通过总结教训来挽救社会主义。这种社会主义社会必然失败，回天乏术。

做一个马克思主义者很难，做一个坚定的马克思主义者更难。我们社会主义革命已经取得了胜利，政权掌握在自己手中，不存在因为坚持马克思主义而杀头、坐牢、流血的问题。但社会主义建设绝不是坐在咖啡馆喝咖啡，高谈阔论，指点江山。对共产党人来说，革命有革命时的生与死的考验，和平建设时期有顺境与逆境的考验，改革有改革时利益关系调整中的金钱考验。从某种意义上说，改革时期的考验更大，因为它是对原有的社会关系和利益关系的一次大的调整。在现实生活中，经不起市场经济考验、经不起改革开放考验，经不起地位变化考验，经不起金钱考验的"老虎"和"苍蝇"并不少。

　　在改革开放中始终坚持马克思主义方向，对理论工作者也是一个考验。改革开放是关乎中华民族命运的大事，也是对每个马克思主义理论工作者的考验。在意识形态领域，我们一定要头脑清醒，能辨别理论上的大是大非。做一个坚定的马克思主义信仰者，不仅要有深厚的马克思主义理论学养，吸取人类积累的广博的知识，而且要有关心社会现实问题和以人民利益为中心的激情和热情。曲学阿世，信口乱言，"我死后管它洪水滔天"的人，不可能成为马克思主义的坚定信仰者。"不管风吹浪打，胜似闲庭信步。"毛泽东在《水调歌头·游泳》中的这两句词，应该是马克思主义理论工作者的座右铭。

第三章　历史唯物主义与中国道路

中国道路问题，是最为世人关注的大问题。中国选择什么道路，中国向何处去，不仅关系到中华民族的命运和全体中国人民的切身利益，也会改变世界政治格局和大国之间的力量消长。"中国威胁"论、"中国经济崩溃"论等，本质上都是以话语形态出现的包含对中国道路取得的伟大成就的焦虑和恐惧。

一、中国道路与中国方案

中国道路，就其一般意义而言，包

括中国革命、建设、改革所经历的全过程。对过去来说，是中国的革命和社会主义建设历史；对现实而言，它就是中国当代的社会主义实践；对未来而言，它就是中国为之奋斗的实现"两个一百年"奋斗目标和中华民族伟大复兴，最终实现共产主义。作为一个整体，它就是中国共产党领导中国人民革命和建设的实践历史过程。中国共产党100多年来走过的道路，内蕴着中国共产党人的文化自信，其深层本质是对共产党执政规律、社会主义建设规律、人类社会发展规律的把握。

笔者以为，中国道路的提法或许比中国模式的提法更确切，更符合马克思主义哲学的本意。模式的提法难以表达出中国特色社会主义道路的本质。从语意来说，模式是成型的、静态的、稳定的。用在国家发展上，模式具有排斥性，把自己国家的发展视为不同于其他国家的唯一的最具优越性的发展方式，或者认为自己国家的发展模式具有普适性，可以为其他国家提供一个现成的发展范式，如同制作糕点的模型，全部糕点都是从一个模子里制作出来的。无论在何种意义上，模式论都不太适用于中国特色社会主义道路。

从历史唯物主义角度看，各国有不同的发展道路，没有放之四海而皆准的发展模式，更没有唯一的模式。西方发展道路是由西方国家自己的历史和文化决定的，而不是为世界提供模式，也不可能提供模式。中国推行改革开放，表明中国共产党愿意学习世界各国尤其是西方发达资本主义国家的经验，但是中国不会照搬西方发展的模式。习近平总书记说过，"我们要虚心学习借鉴人类社会创造的一切文明成果，但我们不能数典忘祖，不能照抄照搬别国的发展模式""不能企图用一种模式来改造整个世界"。

历史唯物主义是社会形态发展论，而不是社会发展模式论。中国特色社会主义道路，不是从天上掉下来的，而是中国人民在中国共产党领导下走出来的。从整个中国历史来说，中国特色社会主义是在对中华民族几千年文明和文化的传承中得出来的；从近代史说，它是从1840年以来中国人民为民族复兴而奋斗、而牺牲、而不断遭受挫折的苦难经验和教训中总结出来的。道路是纵向的，它与自己国家过去的历史特点和文化特点不可分割。没有中国历史的发展，没有中国文化的积累，就没有中国特有的发展道路。

道路的特点是实践，而不是仿效制作，照葫芦画瓢。中国道路就是中国人的实践，不实践就不是道路，也没有道路。当然，在中国特色社会主义建设中，我们可以有规划、有顶层设计、有"两个一百年"要达到的目标、有中华民族伟大复兴的目标，但目标不等于道路。目标只是道路的重要部分，是道路的指向和要达到的站点。至于如何到达这个站点，怎么走，就是道路问题。可以大胆地说，按照历史辩证法，我们不可能详细地绘制一个不需要修改、不需要完善、不需要调整的中国道路规划图，而是应该根据实际情况不断调整。这就是顶层设计与摸着石头过河的结合。因此，中国道路不是固定模式，它包括弯路，包括曲折，甚至会碰到岔路。中国特色社会主义道路不是定型的，而是未完成式，现在仍在继续走。一句话，中国道路是实践过程，它为人类对更好的社会制度的探索提供的是中国方案，而不是一个现成的模式。

改革开放几十年来，在中国道路上我们取得了伟大的成就，也遇到不少问题。其中有一些是有违改革初衷、未曾料到的新问题，正在采取措施逐步解决。社会主义建设是有规律可循的，我们会有盲区，会有没有掌握的新的规律。我们还要不断摸索、不断总结。改革初始，邓小平提出以经济建设为中心，重点是放在解放生产力、发展生产力上，为此提出发展是硬道理的著名论断。在改革实践过程中，中国共产党人继续推进发展是硬道理的原则，提出了科学发展观，再发展到现在的创新、协调、绿色、开放、共享的新发展理念；从开始的一部分人先富起来，发展到现在强调共同富裕，强调依法治国，强调公平、正义，这都是从40多年一步一步改革经验积累中走过来的。40多年来的经验证明，中国特色社会主义道路是在实践中不断完善的。这个过程并没有结束，中国道路有明确的方向图，通过深入探讨什么是社会主义，怎样建设社会主义；建设什么样的党，怎样建设党；实现什么样的发展，怎样发展这些有关道路的根本性理论问题，提高了我们的理论自觉性，为制定各项方针政策，推进各项工作提供了科学指导。

中国方案的提出，有重要的理论和实践意义。中国方案，就存在于中国道路之中。没有中国道路就不会有中国方案。提不出中国方案，中国道路就会变成一句空话。或许有人说，只有中国模式才有世界意义，而中国道路没有世界意义。这不符合历史唯物主义观点。模式提供的是模具。我们反对西方推行的"普世价值"观，就是反对他们对自由、民主、人权的解释上的话语霸权，反对它们把西方的资本主义民主制度模式化。其实，各个国家需要的是符合自己国情和文化特点的自由、民主和人权制度。当然，我们可以学习它们的优点，吸收西方的积极成果，但我们也要有自己的发展道路和方案，而不是成为从西方模具中复制出来的仿制品。

中国道路，既是具有中国特色的中国之路，又是具有世界意义的中国之路。讲它是中国特色之路，是因为它具有中国的历史特点、民族特点、文化特点；讲它又是具有世界意义的中国之路，是因为它向人类提供了不同于西方发展道路的中国方案。这个方案向世界表明，一个近百年来受列强压迫和侵略的民族，一个曾经落后于西方发达国家的民族，完全可以依靠自己的力量，建立与自己民族特点相符合的制度和发展道路，走上中华民族伟大复兴之路。

资本主义社会并不是人间天堂，资本主义的经济和政治制度也不是人类社会发展唯一之路，资本主义的价值观念并非人人必须奉为圭臬的绝对价值。在当代，各国的发展，完全可以有不同的方案。这正是西方某些资本主义国家拼命遏制中国和平发展的原因。因为中国的和平发展意味着中国方案的成功；而中国方案的成功，意味着在当代可以有另一条通向自己国家和民族的复兴之路，而不必接受西方兜售的资本主义制度优越论和永世论的灵丹妙药。中国方案是马克思主义和中国文化精华的结合，它的影响力和说服力，是中国对世界的贡献。正因如此，西方一些国家千方百计对中国道路进行抹黑，并将之视为对"自由世界"道路的背离。

二、中国道路之争

方向决定道路，道路决定命运。在中国，不同道路之争，其深层体现为不同文化之争。中国应该走什么样的道路，其争论由来已久，并非现在才出现。早在 20 世纪 20、30 年代中国共产党成立以后这一争论就存在。这就是中国共产党主张的在中国进行革命的道路、文化保守主义主张的中国文化本位主义、一些人倡导的全盘西化的资本主义道路。1949 年中国革命的胜利，从实践上对这个问题做了总结，而毛泽东的《论人民民主专政》一文，对这个问题从理论上做了概括。本来，在中国革命胜利之后的前 30 年，这个争论已经沉寂。但随着改革开放后中国总结"文化大革命"经验教训，随着重新正确理解中国传统文化，随着经济全球化后西方新自由主义思潮的涌入，关于中国道路的争论再度兴起。但现在各自的立论与表现，与中国革命胜利之前的20世纪20、30年代的文化保守主义和全盘西化论相比，具有新的时代特点和理论支撑。这个理论支撑的文化特点可以概括为三个"化"，即：中国特色社会主义道路的核心是"马克思主义中国化"；回归传统，回归儒学，重塑中国社会主义和中国共产党的核心是"儒化"；回归人类，回归世界的核心是"西化"。如果不站在历史唯物主义高度把握这三个"化"的本质，就会在中国特色道路问题上缺乏文化自信。

恩格斯

有人提出要中国走世界人类文明发展的共同道路，走世界文明之路。在他们看来，以希伯来犹太教和古希腊哲学为源头的西方文化，是最优秀的文化；西方的道路是世界的普遍道路。中国特色社会主义道路是脱离世界文明，是沿袭自秦始皇以来中国封建社会的专制主义之路，是自外于世界潮流的道路。无论在国际国内，这种说法都时有所闻。这种说法完全暴露了西方"普世价值"论的政治底牌。资本主义道路怎么就是世界文明之路，就是人类世界共同道路呢？以历史唯物主义观点看，西方文化只是文化中的一种，资本主义道路只是人类社会发展过程的一个重要阶段。资本主义的确为人类作出了比以往任何时代都巨大的贡献，但又同时为自己挖掘了坟墓。资本主义社会是文明与野蛮、光明与黑暗并存的社会。马克思和恩格斯在《共产党宣言》中以热情洋溢的赞美笔调肯定了资本主义的成就，但同时又毫不留情地判处了它的死刑，敲响了资本主义丧钟，指出资本主义社会的过渡性。资本主义社会的出现和发展包括在人类社会发展规律之中，但绝不代表人类的美好理想，并不是人类社会发展的普遍规律。

什么是人类的共同道路，什么是人类社会发展的普遍规律？从历史远景来说，不是少数人富裕的资本主义，而是公平、正义、共富、和谐的社会主义和共产主义。相对于人类存在数千年的阶级社会和剥削社会来说，消灭阶级、消灭剥削，建设一个公平、正义、共富、和谐的社会，才是人类的共同道路。用中国哲学的话说，叫天下为公、世界大同之路；用历史唯物主义关于社会形态发展理论来说，这是人类解放之路、是共产主义道路。世界通向这个共同道路的方式和方法可以各不相同，并且肯定会有先后、有迟早，但对人类社会而言，剥削制度不会是永恒的、亘古不变的。私有制度是在一定条件下产生的，也会在一定条件下终结，作为私有制的最高发展阶段的资本主义制度形式也是如此。消灭剥削、消灭两极分化、消灭私有制，走向公平共富的社会，这才是人类发展的普遍规律。

《共产党宣言》的不朽价值，就是向全人类揭示了这个普遍规律，并号召全世界劳动者团结起来为此而奋斗。

我们反对西方包藏政治图谋的"普世价值"论，并不违背世界发展潮流，不是与世界发展相脱离，因为我们不是反对自由、民主、平等、人权、法治这些人类认可的共同价值，相反我们在努力建设社会主义的自由、民主和人权制度。我们反对的是西方某些国家或学者怀着文化自大狂的优越心态，把西方价值观念和制度模式化，视之为放之四海而皆准的"普世模式"。"普世价值"论的本质就是西方制度模式化，是以"普世价值"为软实力的西方资本主义制度的优越性和不可超越性的话语霸权。

国内外都有学者批评中国特色社会主义道路脱离世界发展道路、脱离人类发展道路，要中国回归人类发展道路，讲的就是回归"普世价值"的道路。他们说，这是中国从"专制""独裁"的社会主义，回归"自由""民主"的资本主义。实际上，就是要中国割断自己的历史传统，摒弃中国文化特点和社会主义道路，期待中国重蹈"红旗落地"的覆辙。

在道路问题上也还有另一种主张，这就是回归儒家、回归传统。最激烈的说法是儒化中国共产党、儒化社会主义。表面上，它与回归世界、回归人类的新自由主义道路是双峰对峙，其结果实际上是殊途同归。中国特色社会主义是我们生活其中的现实的社会，共产主义社会是我们的理想。人在站立的时候，总是双脚立地、背面对后、两眼朝前。社会发展也是一样。社会永远是立足现实、背靠传统、关注未来。而不能是相反的，脱离现实、脸向过去、背对未来。社会发展是往前走的，人的追求不能与社会发展的方向相背而行，而只能相向而行。

在笔者看来，背靠传统，就是继承传统、弘扬传统、创新传统，而不是回归传统。正如儒学一样，需要继承、发扬而不是回归。历史是曾经的存在，现实是当代的存在。传统是历史与现实之间连续性的文化串线。历史对现实有深刻的影响，即它的文化基因具有某种遗传性。儒学传统要继承，但要与时俱进，而不是回归。习近平总书记明确指出："历史总是要前进的，历史从不等待一切犹豫者、观望者、懈怠者、软弱者。只有与历史同步伐、与时代共命运的人，才能赢得光明的未来。"

"治世不一道，便国不法古"。社会主义有自己的发展规律。中国当代的现实，是社会主义社会的现实。社会主义有自己不同于封建社会的经济基础和上层建筑，有不同于以往任何社会制度的新的指导思想、新的政治制度。我们是生活在 21 世纪的当代人，是生活在建设中国特色社会主义的当代人。站在当代，我们应该重视中国传统文化，吸取中国传统文化的优秀思想，但不可能在社会制度的建设和思想指导观念上，回归传统、回归儒学。以儒化作为中国道路和方向的指导，只会断送中国的社会主义。

中国特色社会主义道路是一条光辉的道路，也是一条充满困难的道路。我们党清楚知道，老百姓对现实问题有议论、有不满意。当代的问题是现实问题，而不是古代人的问题。现实问题，必须坚持以马克思主义为指导，以问题为导向，采取历史唯物主义方法进行分析，寻找它的现实原因，提供有效的解决方法。传统文化包括其中占主导地位的儒家学说，可以为我们解决问题提供思想资源、提供启发智慧，但传统文化不可能为它们从来不曾经历的两千年后的问题提供预案和答案。对中国道路上存在和出现的问题，儒化不是出路，西化更不是出路，出路在于继续深刻研究和把握社会主义发展规律和中国共产党的执政规律，坚持社会主义方向，坚持从严治党。社会主义的基本规律不可违背，执政党的规律不可违背。治党必须从严。如果管党不力、治党不严，人民群众反映强烈的党内突出问题得不到解决，那么我们迟早会失去执政资格，不可避免被历史淘汰。不懂历史辩证法，不懂得失成败在一定条件下可以转化，是非常危险的。殷鉴不远，岂能忘之。《易经》中说，"君子终日乾乾，夕惕若，厉无咎"，应该成为我们的座右铭。我们一定要以不忘初心之志，以兢兢业业、如履薄冰之心，走符合社会主义规律的中国道路。

三、中国道路的文化自信

习近平总书记说，"当代中国的伟大社会变革，不是简单延续我国历史文化的母版，不是简单套用马克思主义经典作家设想的模板，不是其他国家社会主义实践的再版，也不是国外现代化发展的翻版"。这是习近平总书记在新的历史条件下，对毛泽东《论人民民主专政》一文总结中国革命历史经验的进一步发展，说明了中国特色社会主义道路的创造性。

中国道路不是重复母版、模板、再版、翻版。这四个"不是"，就包括三个"化"字。不是简单套用马克思主义经典作家设想的模板，不是其他国家社会主义实践的再版，就是强调马克思主义中国化，要与中国实际和文化相结合；不是简单延续我国历史文化的母版，就是强调中国社会制度和道路不能儒化，以儒学为主导的传统文化要创造性转化和创新性发展；不是国外现代化发展的翻版，就是强调中国的现代化是社会主义现代化，而不是西化。

马克思主义中国化，这是最根本的化。没有这个化，一切都无从谈起。中国革命和社会主义建设，尤其是中国的改革开放，中国特色社会主义道路，不是简单套用马克思主义经典作家设想的模板，不是苏联社会主义实践的再版，因为我们是从中国实际出发，以马克思主义作为指导思想寻求适合中国发展的道路。中国民主革命走的是一条农村武装割据，由农村包围城市的道路，而不是马克思和恩格斯设想的巷战，也不是苏联走过的城市武装起义；社会主义革命和社会主义建设，我们也是从以俄为师到走自己的路。社会主义革命我们实行的是和平赎卖，分清民族资产阶级和官僚买办资产阶级，而不是一锅煮；社会主义建设，我们是强调正确处理十大关系；强调正确处理两类不同性质的矛盾；改革开放，我们强调坚持社会主义方向，强调一个中心两个基本点，强调四项基本原则，等等。很显然，这些都不是简单套用马克思主义经典作家设想的模板，更不是苏联社会主义实践和改革的再版。不用多解释，中国革命、建设、改革，走的是马克思主义中国化的道路。如果没有从实际出发，没有坚持实事求是的马克思主义基本原则，中国革命、建设和改革不可能取得成功。当然，马克思主义中国化并没有结束，正如习近平总书记所说，"坚持不忘初心、继续前进，就要坚持马克思主义的指导地位，坚持把马克思主义基本原理同当代中国实际和时代特点紧密结合起来，推进理论创新、实践创新，不断把马克思主义中国化推向前进。"

不是简单延续我国历史文化的母版，就是中国传统文化的创造性转化和创新性发展问题。中国革命不可能延续我国历史文化的母版，因为中国历史上从来没有出现过社会主义革命，何来母版。中国共产党领导的革命是推翻旧的社会制度的革命，是社会形态的变化，不是中国历史上的王朝更替、改朝换代。正因为这样，中国共产党的成立才是中国开天辟地的大事变，中国革命和社会主义建设才是在中国历史上没有母版可遵循的伟大创造。无论是《礼记·礼运篇》中的"大道之行也，天下为公"的"大同"和"小康"理想，或是太平天国的《天朝田亩制度》的废除封建土地私有制、均贫富的思想，虽然包含丰富的思想资源，但都不可能成为中国革命和社会主义建设的母版。它们是原始的空想社会主义，或农业社会主义。我们坚持的是科学社会主义，中国特色社会主义本质上就是马克思主义的科学社会主义，而不是别的什么主义。

儒家学说，是封建社会王朝的母版，而且是王朝守成的母版，而不是开拓创新的母版。这是历代王朝倡导以儒治国的原因，怎么可能成为中国特色社会主义道路的母版呢！当然，不是母版，丝毫无损于中国传统文化的博大精深，不影响以儒学为主导的中国传统文化对我们的思维方法、道德修养、人文教化、治国理政的巨大思想价值。应该反对儒学政治化，儒学宗教化，在社会主义时代应该重视儒学的文化本质。但从道路和旗帜的角度说，从重建理想和信仰的角度说，我们绝不能走以儒化国、以儒化党的道路。我们要治理的是社会主义国家，我们要重建的理想、信仰、价值，是社会主义和共产主义的理想、信仰、价值。中国共产党之所以叫中国共产党，就是因为它从成立之日起我们党就把共产主义确立为远大理想。

任何一个关注现实的人都能看懂，中国共产党内的腐败分子、党内蛀虫，并不是因为失去对儒学的信仰，而是丧失对社会主义和共产主义信仰。我们社会出现的一些道德失范和价值观念混乱，也不是因为失去对儒家的信仰，而是伴随当代中国社会深刻变化而出现的副产品，或者说是社会代价。

我赞同我们应该学习中国传统文化的经典，包括文学如唐诗宋词，总之，中国传统文化中宝贵的东西我们都应该珍重。但我们也应该明白，社会矛盾永远是现实的，我们直面的问题永远是当前。现代人的信仰和价值永远应该是与时代相适应的。

任何国家在走出传统社会后都要实现现代化，中国也一样。但中国的现代化是社会主义现代化，而不是西方现代化的翻版。现代化，是使用最多的一个概念。可是何谓现代化，实现什么样的现代化，这取决于时代背景，取决于各国历史的、文化的特点，特别是取决于社会制度的本质。

中国从社会主义制度确立开始，就把逐步实现社会主义工业、农业、国防和科学技术现代化作为我们的奋斗目标。经过70多年的建设，我们在不断深化现代化的内涵，包括推进国家治理体系和治理能力的现代化，发展社会主义市场经济，发展社会主义协商民主制度，建设中国特色社会主义法治体系，等等。但无论中国现代化的内涵怎样深化，有一点是不会变的——我们搞的是社会主义现代化，而不是资本主义现代化。如果我们摒弃中国特色社会主义基本经济制度和政治制度，偏离中国道路，在现代化问题上不加分析地接受西方话语抽象鼓吹的国家现代化，改变中国所谓的"一党专政"，放弃中国共产党领导；鼓吹思想市场化，放弃马克思主义的指导地位，借助思想多元来反对指导思想的一元化；鼓吹军队国家化，反对党对军队的领导，如此等等，这实际上是在现代化的名义下偷梁换柱，把社会主义现代化变成西化翻版。

毫无疑问，资本主义现代化是人类社会摆脱传统社会后的巨大历史进步，但西方现代化是通过向海外殖民实现的，是同侵略、掠夺、剥削、扩张密不可分的。日本也是脱亚入欧，通过实行现代化，走向军国主义，疯狂向外扩张和侵略。我们只看到西方发达资本主义国家变得富强、文明，可忘记了资本主义现代化给世界、给大多数被殖民国家带来的巨大灾难。马克思曾经说过："当我们把目光从资产阶级文明的故乡转向殖民地的时候，资产阶级文明的极端伪善和它的野蛮本性就赤裸裸地呈现在我们面前，它在故乡还装出一副体面的样子，而在殖民地它就丝毫不加掩饰了。"

资本主义现代化的本质是资本本性的扩张。海外殖民就是资本扩张，但它却号称输出文明。实际上就像马克思当年说的，被殖民的国家"失掉了他们的旧世界而没有获得一个新世界，这就使他们所遭受的灾难具有一种特殊的悲惨色彩"。如果说，当年西方资本主义在输出文明的口号下，给世界带来的是灾难，那么当代在强行输出"普世价值"的口号下，带来的同样是灾难。只要看看中东，看看非洲某些被"民主化"的国家，看看他们战火纷飞、家园破碎、难民如潮的处境，自然就能明白。

Das Kapital.

Kritik der politischen Oekonomie.

Von

Karl Marx.

Erster Band.

Buch I: Der Produktionsprocess des Kapitals.

Dritte vermehrte Auflage.

Das Recht der Uebersetzung wird vorbehalten.

Hamburg

Verlag von Otto Meissner.

1883.

《资本论》第一卷

　　社会主义现代化与西方资本主义现代化会有某些共同点，有可借鉴的东西，但绝不是西方现代化的翻版。时代不同、社会制度不同、文化底蕴和传统不同，现代化的道路也不同。中国的文化是和平的文化，而不是扩张的文化。中国是在取得民族独立建立社会主义制度之后，逐步推进现代化的。我们是在被资本主义世界封锁的情况下，完全依靠独立自主、自力更生，依靠党的领导和人民的力量实行现代化。在经济全球化的背景下，我们是通过深化改革开放，在世界交往中继续推进社会主义现代化的。我们的现代化，没有殖民、没有掠夺，而是互利共赢；没有血与火，没有战争，而是构建人类命运共同体。中国实现社会主义现代化，是增强世界和平、防止战争的力量，是促进世界和平发展的力量。这是与西方现代化进程伴随殖民、战争和掠夺迥然不同的两种类型的现代化。中国实现现代化，是对世界、对人类和平的重大贡献。

　　社会主义现代化不是西方现代化的翻版，但我们重视对西方现代化的研究。它的成绩、现代化中存在的问题，都能为我们提供经验和教训。我们是后发国家，我们有条件也应该避免西方在现代化中出现的种种问题。我们也不会忘记它们对中国现代化的影响和某种推动。但笔者不赞同中国现代化的动力是外生的，与中国历史自身发展的内在要求无关。外因是条件，内因才是根据。中国是一个有着几千年文化传统的民族，是一个蕴藏并积蓄了几千年文明内在力量的民族，是一个在近代饱受侵略和掠夺，积蓄着追求民族复兴、追求民富国强强大力量的民族。现代化是中国革命题中应有之义。把中国现代化，视为简单的外力——反应模式，而不是中国内在力量的要求，是一种错误的历史观。这种历史观导致的结论，就是中国现代化应该拜西方侵略之赐，像有些人无耻宣称的，如果中国能被西方殖民三百年，就可以从洋人手里接受一个现成的现代化中国。这种观点何等荒谬！

四、结 语

中国特色社会主义道路是实现现代化必经之路，是创造人民美好生活的必由之路。我们对道路的自信，源自对文化的自信。中国不仅有5000多年文明发展孕育的中华优秀传统文化，还有中国共产党和中国人民在伟大斗争中孕育的革命文化和社会主义先进文化。文化不仅是知识、智慧的积累，更是一个民族最深层的精神追求。中国近百年历经劫难而九死无悔，"拼将十万头颅血，须把乾坤力挽回"，其中闪烁的就是"我以我血荐轩辕"的中华民族文化精神。

第四章　文化自信中的传统与当代

　　文化自信不是一个简单的文化口号。不懂中国历史，尤其是不懂近百年中国的奋斗史，不懂中国共产党的革命和建设历史，就难以理解文化自信的丰富历史内涵；不懂得马克思主义传入的重要意义，不懂得中国传统文化的创造性转化和创新性发展，不懂得红色文化和社会主义先进文化的创立是中国文化在当代的发展，就不懂得文化中的传统与当代的辩证关系。固守传统和抛弃传统，都是中华民族文化的断流。文化自信既是基于我们民族苦难和奋斗史的文化自觉与自豪，又是我们民族寻找自身伟大复兴之路的文化史的历史展示。这是一种既热爱自己的民族文化又海纳百川的包容精神，既积极奋进又不卑不亢的文化精神。我们要在文化自信的基础上，建设文化大国、文化强国。

一、文化自信与民族解放

一个民族的文化和民族独立不可分。民族是文化的主体，文化是民族的灵魂。与民族的衰败兴亡相伴随的往往是民族文化的繁荣或衰落，甚至中断。

中国之所以有一部比较完整的中华民族发展史，有 5000 年连续的文明，有保存比较好的文化经典，主要是因为我们的先人在这块土地上经过艰苦的世代开拓、发展、融合，才逐步发展成统一的中国。尽管在长达几千年的历史中，我们有过多种政权的并存，也有过不同民族处于统治地位，但中国始终保持着一个独立的国家存在。民族是文化的主体，国家不亡、民族不分裂，文化才不会变为无所依靠的游魂。中国只是在近代面临民族存亡危机时才出现所谓真正的文化危机。文化危机的重要表现是丧失民族自信心，是文化自卑和对传统文化的自暴自弃。这是文化的悲哀，更是民族的悲哀。

在明中期以前，中国是世界上经济最发达、也是文化最发达的国家。商周时代典籍，战国时的诸子百家，汉代雄风，盛唐气象，两宋文化之高度发展，成为世界文化史的辉煌篇章。毛泽东说过："在中华民族的开化史上，有素称发达的农业和手工业，有许多伟大的思想家、科学家、发明家、政治家、军事家、文学家和艺术家，有丰富的文化典籍。"中国的文化具有巨大的影响力，向周边国家辐射，在东亚形成了儒家文化圈。

在当代中国，文化自信是具有时代性的命题。它既是一种文化的自觉与自豪，是反对"西方文化中心论"，反对由于清中叶后列强入侵、中国落后于西方产生的民族自卑和文化自卑，又是吹响推动中华民族复兴的精神号角。中国历史上，从来不存在文化自卑问题。这一点，最早来中国的耶稣会传教士利马窦也承认："就国家的伟大、政治制度和学术的名气而论，他们不仅把所有别的民族都看成是野蛮人，而且看成是没有理性的动物。在他们看来，世上没有其他地方的国王、朝代或者文化是值得夸耀的。"当然，这种文化自信中存在着某种天朝大国的盲目性，但至少说明，文化自信是国家强大的表现，而自信心的丧失是附着在民族危机心灵上的文化毒瘤。

西方资本主义兴起时，中国仍然是农业生产方式占主导的社会，中国开始落后于西方。而当西方帝国主义列强以炮舰政策敲开中国的大门，并连续对中国进行洗劫式的侵略和掠夺，迫使中国签订了一系列不平等条约，中华民族面临民族存亡危机时，有些人丧失信心，但深受中国文化精神培育的中国人民并没有失去民族自信。鲁迅先生在他的著名文章《中国人失掉自信力了吗》中以匕首投枪式的文字，痛斥一些人丧失民族自尊心的消极言论，他满怀热情和自信地指出："我们从古以来，就有埋头苦干的人，有拼命硬干的人，有为民请命的人，有舍身求法的人，……虽是等于为帝王将相作家谱的所谓'正史'，也往往掩不住他们的光耀，这就是中国的脊梁。"

有论者断言，在近百年中国历史上，是中国共产党和马克思主义的传入，斩断了中国传统文化的血脉，导致中国传统文化的危机。这种说法当然是罔顾事实。事情正好相反。中国共产党的产生是中国历史上开天辟地的大事，马克思主义的传入，改变了中国文化的原有结构，并增添了许多新的科学元素。在以马克思主义为指导的中国共产党领导下，中国革命取得胜利，中华民族从此站起来了。中国人民革命的伟大胜利，中国人民的解放，重新恢复了中华民族生气勃勃的民族生命力和文化自信心。

任何一个客观公正的观察家都不能否认，与清末不断割地赔款、视洋人如虎相比，与北洋时期军阀混战、各自依洋人以求靠山相比，与国民党统治时期民生凋落、经济落后、政治腐败相比，正是中国共产党领导的革命胜利和中国的和平发展，打破了长期处于主导地位的"西方中心"论，清洗了一些人头脑中的民族自卑感和殖民地心态，迈开了中华民族伟大复兴的步伐，并为中华民族文化复兴开辟了广阔的空间。正是在中国共产党领导下，中国传统文化大步走出国门，使在文庙中孤独自守的孔子遍游世界，孔子学院在不少国家安家。正是在当代，汉学在西方成为一门热学，学习中文、学习中国传统文化成为世界文化交往中的一种新景观。正是在当代，海外中国文化中心如雨后春笋般地出现。习近平总书记在2016年"七一"讲话中说："当今世界，要说哪个政党、哪个国家、哪个民族能够自信的话，那中国共产党、中华人民共和国、中华民族是最有理由自信的。"习近平总书记掷地有声的话，道出了一个真理：只有在中国共产党领导下获得民族的独立和解放，才能信心满满地自主选择自己的发展道路和制度，才能清除帝国主义和殖民地文化影响，复兴被列强践踏和蔑视的中国传统文化。中国共产党是中国传统文化的继承者和发扬光大者，因为正是中国革命的胜利才使处于衰落中的中国传统文化得以复兴。

　　文化自信，绝不是文化自大，更不是文化上闭关锁国，拒绝文化交流。这不是文化自信，反而是文化不自信的怯懦。中华民族自古就信奉和而不同原则，是最能吸收外来文化的。汉唐时如此，近代更是如此。在近代，我们努力向西方学习，我们翻译西文名著。当中国共产党还偏处陕北小城延安时，毛泽东就以他的世界眼光指出："中国应该大量吸收外国的进步文化，作为自己文化食粮的原料，这种工作过去还做得很不够"，"各资本主义国家启蒙时代的文化，凡属我们今天用得着的东西，都应该吸收"。改革开放以来，我们更注重文化交流，也更有条件进行文化交流。我们在向世界介绍中国文化的同时，努力向外国学习。这些年来，中国派往外国各类留学生之多是空前的。中国提出的"一带一路"倡议，不仅是一种经济交往，也是一种文化交往。千百年来，丝绸之路在民族文化交流中留下了许多辉煌的篇章。"一带一路"的建设，除了经济价值外，在文化交流上同样具有重大价值。

挂在马克思在柏林大学上学期间居住过的路易森街 60 号墙上的纪念牌

世界历史和中国历史都证明，民族的灾难也是民族文化的灾难，只有民族复兴才能为民族文化复兴开辟道路；也只有坚持民族文化精神，才不致陷于国家分裂和被奴役的悲剧境地。

中国优秀文化的基本精神，在中华民族处于困境和危机时，给予革命者以前仆后继、英勇奋斗的精神支撑。一个真正爱护中华文化的人，应该珍惜我们得之不易的民族独立和解放；而一个真正爱国主义者必然从内心深处珍爱和礼敬自己的民族文化。

西方资本主义兴起与扩张在文化上的表现，最突出的是鼓吹"西方中心"论；而与民族文化危机相伴随的是一些人失去对中国文化的信心，抱有殖民地文化心态。当代中国已是处于中华民族伟大复兴征程中的中国，是建设中国特色社会主义并已取得卓越成就的中国。我们重树文化自信，应以平视态度对待西方文化。西方某些国家的政客和依附他们的学者仍然怀着旧殖民主义者的文化自大狂，把西方价值观念和资本主义制度模式化，视为放之四海而皆准的"普世模式"。"普世价值"论的本质就是"西方文化优越论""西方民主制度普世论"和"资本主义制度历史终极论"的大杂烩。这是以"西方文化优越论"为底色的资本主义制度的"优越性"和"不可超越性"的话语霸权。

国内有些学者也乐于贩卖西方的"普世价值"论。当这个问题被引向价值是否具有"普世性"的烦琐争论时，最容易掩盖西方"普世价值"论的政治本质。当有些论者认为反对西方的"普世价值"观，就是反对世界文明，就是离开人类共同发展的文明道路时，这些说法本质上仍然是沿袭统治世界几百年殖民主义的"西方中心"论翻版，只不过把当年

"西方文明优越论",变为"西方普世价值优越论",把它作为各国必须奉为的圭臬。在当代,西方输出"普世价值",同当年殖民主义者输出文明,异曲同工,如出一辙,目的都在于把西方制度和道路作为唯一模式来改变世界。

我们反对的是西方包藏政治图谋的"普世价值"论,而不是反对自由、民主、平等、人权、法治这些人类认可的共同价值。早在民主革命时代,中国共产党就提出"建立独立、自由、民主、统一和富强的新中国"的目标。当中国获得民族独立和解放后,中国共产党并没有违背自己的纲领和承诺,而是迈开了建立自由、民主和富强新中国的步伐。当然,道路并不平坦,我们有过挫折和失误,但我们在不断总结经验和教训中前进。70多年来,尤其是改革开放以来,我们在自由、民主、平等和人权制度的建设方面不断完善和进步,我们完全有信心有能力建设既有民主又有集中,既有自由又有纪律的社会主义民主制度。

在中国特色社会主义的话语体系中,文化自信是与道路自信、理论自信、制度自信不可分的。文化自信,是更基础、更广泛、更深厚的自信。因为在中国特色社会主义道路、理论和制度中,都贯穿着中国文化的自强不息、实事求是、海纳百川、与时俱进的基本精神,都能找到最适合的中国历史和文化传统,都有最适合世情、国情、民情的道路和保障人民各种基本权利的社会主义民主制度。

二、文化是有机整体

文化自信，是一个包括对中国传统文化、红色文化和社会主义先进文化在内的自信。这种自信，既是对我国历史上博大精深、为人类文明创造出不可磨灭贡献的文化的敬意，也是对创造中华民族文化的我们祖先的礼敬；同样，对红色文化和社会主义文化的自信，包含对永不屈服、前仆后继的革命先烈的崇敬，对社会主义建设时期的无数先进人物及其文化成果的敬意。只有对传统文化的自信而没有对红色文化和社会主义文化的自信，这种自信是不完整的，而且也是不可能的。一个民族的文化是一个有机整体，既有传统文化也有当代文化。最有生命力的文化是传统与当代最佳结合，既继承传统又推陈出新，各领风骚。一个民族的传统文化受尊重的程度，与它对现实的巨大影响是正相关的。优秀传统文化的作用就表现在它在塑造一个民族的性格和民族精神上具有伟大作用，表现在它的基本精神和智慧为后世子孙克服困难、自强不息提供精神动力和源泉。

文化不是塑像，也不是死水，而是活的机体。文化必须适应社会的变化而变化。传统文化要能够存在和发展，必须表现为一种不会中断的传统。没有传统的传统文化只是一个空名，而非实有；不再传承的传统文化表明文化的失传，这种失传的传统文化已无迹可寻，它的存在是不可知的，它已不再是传统文化，而是已经死去的失传的文化。没有传统文化，当然谈不上文化传统；没有文化传统，意味着传统文化的中断和消失。传统文化是依靠文化传统而延续的。可以说，没有一个现存的文化中不包含传统文化的因素。传统与当代绝对对立的二分化思维，是一种形而上学的思维。

经济并不能重新创造一切。创造文化的是人，而人总是从已有的思想资料中寻找可供构建与新社会制度适应的文化形态。这就决定了任何社会的文化都不能摆脱传统。中华优秀传统文化能否传承和发扬光大，取决于这种文化在当代的生存状况，正是其在中国红色文化和社会主义先进文化中以其科学性、民族性和大众性，彰显出优秀传统文化的生命力和中国文化的精神基因的存在。

有的学者把五四新文化运动和"文化大革命"视为中国传统文化的两次灾难。这是夸大其词，也是误导。五四新文化运动反对旧道德旧理教，提倡科学与民主，是中国现代史上的进步运动；它形成了爱国、进步、民主、科学的"五四精神"，拉开了中国新民主主义革命的序幕，促进了马克思主义在中国的传播，推动了中国共产党的成立。五四新文化运动的不足之处，与它的历史价值和意义相比是次要的，把摧残中华民族文化的罪名强加在五四新文化运动头上，是一种错误的文化保守主义的历史观。至于"文化大革命"中的所谓"破四旧"和对儒学的片面批判，确实是对中国传统文化的一次伤害。这种极左思潮，伤害了中国传统文化和一些对中国文化做出杰出贡献卓有成就的文化名人。这是我们深刻的历史教训和难以抹去的记忆。但这种对待传统文化的极左思潮，也是违背中国共产党和毛泽东本人对待中国传统文化的一贯主张的。它并不能代表中国共产党一贯的文化政策和主张，而是一次重大的错误。把"文化大革命"中的"破四旧"和"批孔运动"与五四新文化运动捆在一起，实际上是企图一笔抹杀近百年来中国在反对"全盘西化"和反对"文化保守主义"思潮中的成就和进步，为已被历史淘汰的旧文化思想招魂，是为所谓告别革命、开启新启蒙运动作思想理论铺垫。

马克思主义不是文化虚无主义者，在如何对待文化传统问题上，马克思主义的观点是明确的。有些人往往错误理解《共产党宣言》中关于"两个决裂"的论述。其实马克思和恩格斯说的与传统观念的彻底决裂，指的是与传统所有制（私有制）相一致的观念，即与私有观念的决裂，而不是与传统文化的决裂。马克思和恩格斯自己在创立马克思主义过程中，就充分吸收德国古典哲学、英国古典政治经济学和法国空想社会主义的积极成果。列宁在《我们究竟拒绝什么遗产?》《青年团的任务》《论无产阶级文化》，毛泽东在《新民主主义论》中，都指出了应如何对待传统文化的正确态度。

在文化自信中，我们既要重视传统文化，又要重视红色文化和社会主义先进文化。在继承文化传统问题上，我们决不要忘记两个传统。一是不能忘记中国优秀文化传统，二是不能忘记中国人民在革命斗争中以鲜血和生命创造的革命传统。革命传统，就是红色文化的传统。中国革命传统中就凝结了中华民族的优良传统，是中国传统文化的积极成果在新的形式中的延伸和再创造。我们从无数革命先烈身上可以看到"富贵不能淫，贫贱不能移，威武不能屈"和"苟利国家生死以，岂因祸福避趋之"的精神，就是中华民族优秀传统文化的基本精神。正是由于新的革命传统的承继，中国传统文化才没有发生像其他几个文明古国那样的传统文化的中断和没落。

我们正是在继续发扬上述两个传统的基础上，从事社会主义先进文化建设的。如果抛弃两个传统，数典忘祖，或是忘记红船精神、井冈山精神、长征精神、西柏坡精神等，就无法理解社会主义时期先进人物的出现，无法理解在改革开放时期所呈现出的勃勃生机。完全可以说，社会主义先进文化以及为社会主义建设、为改革开放作出杰出贡献的先进人物，就是中华民族的优秀传统与中国革命传统精神相结合的当代表现。可以说，我们的文化自信，就是在上述两个传统基础上继续向前推进。我们应该继续在继承两个传统的基础上，建设文化大国、文化强国。

三、文化自信与知识分子的社会责任

我们对传统文化自信，与我们对历史上文化经典和文化名人的崇敬是不可分的。文化需要创造，创造文化并作出卓越贡献的人，是我们最为景仰的文化名人；而文化的载体是作品，尤其是传诵不衰的不朽名篇。翻开中国思想史、文学史等各类史书，无论是战国时的诸子百家、魏晋玄学、宋明理学，还是楚辞汉赋唐诗宋词元曲明清小说，都有一连串令人永不忘怀的文化名人和光耀夺目的名篇巨著。一个个作出不朽贡献的文化名人，像一座座矗立在中国文化发展高峰上的塑像；而一部部名篇巨著仿佛闪耀发光的璀璨珍珠。在当代，我们同样需要培养文化名人，需要名篇巨著，为子孙后代留下宝贵的精神财富。这是新时代中国知识分子的历史使命和社会责任。习近平总书记在文艺工作座谈会上的讲话、在哲学社会科学工作座谈会上的讲话都发出这种号召，号召产生无愧于我们时代的名篇巨作。

我们有些学者喜爱谈论士的精神。中国传统的士，主要是儒家讲的君子，应该是在道德上有标准，在文化上有贡献，是立德、立功、立言的人。无论是论语中曾子的"士不可以不弘毅，任重而道远"。还是吕氏春秋中的"士之为人，当理不避其难，临患忘利，遗生行义，视死如归"，这都是对士的要求。这种要求表现在范仲淹的"居庙堂之高则忧其民，处江湖之远则忧其君"的名言中。一篇《岳阳楼记》，文以人传，人以文传，无论在文化上和人格上都足以垂范后世。至于张载的"为天地立心，为生民立命，为往圣继绝学，为万世开太平"，把士人即读书人的责任提高到无以复加的地步。我们应该继承的是这种人格精神和文化精神。今人所谓独立之人格、自由之精神之可贵，正在于它能坚持以人民为中心，不依附资本和权贵，不曲学阿世，通过学术自由和独立思考，创造出足以与我们时代要求相符合的作品，而不是以所谓独立人格和思想自由为标榜，俯视人民，与历史潮流相背而行。"横眉冷对千夫指，俯首甘为孺子牛"的鲁迅精神应该是我们的榜样。我们不要害怕文化名人。我们不是名人太多，而是名人太少。社会主义需要的是既具有独立人格和自由思想，又具有创造性的文化名人。

如何对待传统文化的问题，党的十八大以来，习近平总书记对中国传统文化做了许多重要论述。这些重要论述是我们正确对待中国传统文化，增强文化软实力，培育和践行社会主义核心价值观的指导原则。其中一个最重要的观点，就是习近平总书记提出的创造性转化和创新性发展问题。这是我们正确对待中国传统文化的总开关，是对毛泽东在民主革命时代提出的对待传统文化"取其精华，去其糟粕"思想在新时代的发展。

创造性，是人类活动的本质特征，但在不同领域各有特点。技术领域，创造性表现为发明，新工具取代旧工具，新技术取代旧技术；科学领域，表现为发现，发现新的规律，提出新的原理。它的进步方式不是取代，而是新领域的拓展和新原理新规律的发现。人文文化的创造性，既不是取代，也不是新规律的发现，而是原有传统文化的不断积累和创造性转化。恩格斯充分理解文化传承的这个特点，他曾经说过："在希腊哲学的多种多样的形式中，几乎可以发现以后的所有观点的胚胎、萌芽。"当然胚胎、萌芽终究是胚胎、萌芽，还必须不断地积累新的思想和进行创造性转化。在当代世界，完全停止在胚胎、萌芽阶段，重复希腊哲学的命题和思想是不可想象的。在当代中国完全停留在我们先人智慧中包含的胚胎和萌芽中，只是"拿来主义"，同样是不可想象的。

有的学者倡导研究中国传统文化要"原汁原味"。这很有道理，对于治疗任意解读经典的主观诠释是一剂良药。但"原汁原味"不能绝对化，绝对化就不存在创造性转化问题。完全的"原汁"很难，因为经典也会存在各种版本，很难说哪个就是绝对的"原汁"，古代没有著作权、没有知识保护法，各种本子的差异性会存在。原味更难，因为每个时代、不同学者会对同一论断做出不同的解读。《论语》《孟子》《大学》《中庸》这些儒家经典的注家众多，不乏歧解。可以说，对中国著名经典中不少论断都会有不同的解读。中国文化经典的凝练的语言、简单的句式，留有不同解释的多种空间。如果都要单纯追求"原汁原味"往往会争论不休。某句话、某个命题"原汁原味"的问题留给学者们去研究吧，对中国社会主义先进文化建设来说，最重要的是适应该时代、立足现实进行创造性转化和创新性发展。也就是经过自己口腔的咀嚼，肠胃的消化，吸收营养，排除消化后的废物。这种研究方法，重点在于认真学习经典，体会和吸取其中深刻的智慧，而不是寻章摘句、断文释义。这有利于从中国传统文化中吸取其合理思想来创建社会主义核心价值观和新的道德规范。

取其精华，去其糟粕是根本原则。不能认为传统文化都是精华，不存在糟粕，凡是能传下来的都是精华，糟粕都被历史淘汰掉了。这种看法说对了一半。留下来的是精华，但也会留下糟粕。因为传统文化的流传和继承并非只决定于文化自身，而存在人的选择，尤其是处于统治地位的统治者，他们是按照自己的标准来进行文化传承和选择的。因而文化传统的演变并非与社会无关的文化自身的演变，必然同时会经历一个过滤和筛选过程。虽然什么是精华，什么是糟粕，不像苹果，烂在哪里一目了然，可以切去烂的，保留好的。传统文化是一个复杂的机体，精华与糟粕如水入泥，混在一起。因此继承传统文化不可能是简单的拿来主义，而必须经过自己的嘴咀嚼，经过肠胃的消化，这就是阅读和理解。按照创建社会主义先进文化的要求，精华与糟粕是可以区分的。传统文化中具有民族性、科学性、人民性因素的都属于精华，而一切封建的、迷信的、落后的东西都是糟粕。

有人怀疑，经过创造性转化和创新性发展的传统文化还算中国传统文化吗？如果中国传统文化无需在实践中被激活、无需转化、无需发展，表面上是尊重传统文化，实际上是贬低传统文化。一种既不能转化又不具有当代价值的传统文化是僵死的文化，是没有生命活力的文化。这样的传统文化永远与当代现实无关，而只与它产生的原来社会相关，它已在历史中死亡。其实，中国传统文化的价值正在于它是源头活水，而不是一潭死水。当然，传统文化如何实现创造性转化和创新性发展，是一个严肃的科学研究工作，不是乱批三国式的插科打诨，也不是削足适履，而是在尊重原典读懂原典的基础上，真正从中吸取智慧。在这里关键是要坚持马克思主义的基本观点和方法，中国传统文化转化和发展，与马克思主义和中国传统文化相结合，应该相携而行。既不是歪曲中国传统文化，把今人的东西挂在古人头上，又能从传统文化蕴藏的智慧中生发出与时代适应的新的诠释。

社会主义核心价值观的形成可以看成是传统文化创新和转化的一个范例。我们不是以与中国传统文化范畴一一简单对照的方式来形成社会主义核心价值观。我们是立足社会主义制度的本质和实践，通过理解传统文化思想和道德观念的基本精神和家国一体的原则，形成国家、社会、个人三者统一的社会主义核心价值观。正如习近平总书记说的："培育和弘扬社会主义核心价值观必须立足中华优秀传统文化。牢固的核心价值观，都有其固有的根本。抛弃传统、丢掉根本，就等于割断了自己的精神命脉。博大精深的中华优秀传统文化是我们在世界文化激荡中站稳脚跟的根基。"

在当代中国，现实生活中出现种种乱象，包括腐败问题严重，社会道德风气不正，不少人因房产、遗产、拆迁补偿而对簿公堂，父子反目、手足成仇，种种失去道德底线的人和事，这是传统与当代问题面临的困境。这种困境其实在西方同样经历过，而且现在仍然在经历。否则就不会出现后现代思潮，也不会出现以亚洲价值观医治西方现代化之病的呼声。

改革开放以来，我们经历了深刻的社会变化，其中一个重要变化，就是由计划经济向市场经济转变。与此相随产生的就是面对市场经济，如何有效地调适传统文化和道德规范与当代的关系问题。市场经济有它不可替代的积极作用，在当代中国要发展生产力和解放生产力，必须实行市场经济。中国改革开放以来取得举世瞩目的成就，就与实行市场经济的改革相关，但市场经济也有它的消极面。市场经济是以货币为中介的经济。市场经济必然重视钱，一切交换都通过钱，一切都需要钱。像马克思在《1844年经济学哲学手稿》中说的，货币作为普遍等价物必然会颠倒了一切价值关系。当代西方经济学家W.阿瑟·刘易斯在《经济增长理论》中也看到了由传统到当代面临的道德困境。他说："因为他们不再生活在一个义务以身份为基础的社会里，而进入了一个义务以契约为基础，而且一般又以与没有家庭关系的人的市场关系为基础的社会。这样，以前，一直是非常诚实的社会可能变得非常不诚实。"正因为这样，我们强调我们建立的市场经济是社会主义市场经济。社会主义这一定语不能是包装，而必须是实质，要以社会主义制度和原则来调适传统与当代之间的种种矛盾。

当然，社会主义市场经济也不能完全避免消极面，但不能因此而否定市场经济改革，回归原来的计划经济。这里涉及一个制与治的问题。制，是基本制度，治是治理能力和治理方式。社会主义市场经济是社会主义初级阶段资源配置得比较好的制度，但不见得我们就有依法管理市场经济的方法和能力。制与治不同。当年柳宗元在《封建论》中反驳一些否定秦始皇确立的中央集权的郡县制、主张回归分封制时说，"咎在人怨，非郡邑之制失也"。秦二世而亡不在制而在治，也就是说，导致秦二世而亡的原因，在于国家治理，即二世无道，实行暴政，而不在于中央集权和郡县制。中央集权和郡县制并不必然是暴政。同理，当前市场经济条件下出现的乱象，不在于实行社会主义市场经济制度，而在于治理，也就是必须有一套治理和管理市场经济的法律和道德规范。对市场导致的两极分化，对市场失信，各种市场乱象必须实行有效的治理。市场必须管，必须治。放任的市场经济，必然是两极分化，必然导致社会诚信缺失、道德败坏。治理市场经济与市场经济在资源配置中的决定作用并不矛盾。政府应该有政府的管理职能和治理规则，其中包括现代立法与社会主义道德教化。面对当代社会的深刻变化，我们必须适应新的历史条件，使传统文化与道德规范通过创造性转化能有效地化解传统与当代的矛盾，推动社会向前发展，而不能对建立在血缘关系和小农经济基础上的传统道德规范怀着一种温情的浪漫主义迷恋。这既不现实，也不可行。

第五章　哲学的困境与中国
　　　哲学的前景

同行相聚闲聊，都说现在第一志愿报考哲学的考生越来越少，即使名校著名哲学系亦复如此。哲学仿佛日暮途穷，感慨万千。

历史往往昭示着未来。人类历史上的变革、革命都与哲学不可分。18世纪的法国、19世纪的德国，哲学都是作为革命的先导。中国共产党领导的革命，同样与马克思主义哲学在中国引发的思想变革不可分。从文化角度说，哲学是文化的活的灵魂。人类轴心时代之所以如此久远，仍未成为历史遗忘的角落，与彼时出现的灿若星辰的伟大哲学家不可分。17 世纪的英国、18 世纪的法国、19 世纪的德国，在它们的文化光芒中都闪烁着哲学家群星的身影。中国历史更是如此。从先秦百家争鸣时代，历经魏晋、两宋、明清，都有着名载史册的杰出哲学家。在当代中国要实现中华民族的伟大复兴，哲学尤其是马克思主义哲学如果缺位，是根本不可想象的。

当代哲学学科陷入某种困境是世界性的。只要我们把哲学地位演变放在人类历史过程中来考察，我们就不会感到沮丧。社会主义中国前途光明，中国哲学的前途同样光明。一个有如此丰厚民族传统文化底蕴的中国，一个由于改革开放而有条件会通中西、贯通古今、打通马中西哲学的社会主义中国，哲学在人们心目中的衰落，只是市场就业导向导致的暂时现象，绝不是中国哲学发展的没落。笔者坚定地相信，在中华民族文化复兴的大潮中，哲学一定能发光，密纳发的猫头鹰将会在中国天空再度起飞！

一、科技与人文主导地位的嬗变

哲学的被边缘化，是世界历史进入现代化、工业化发展的一种必然趋势。工具理性压倒价值理性，是人类思想发展的畸形。科技与人文主导地位的嬗变，是由传统社会进入现代社会必然会出现的思想现象。然而，现代化带来的种种弊端，使回归人文、呼唤两种文化的结合，成为当代世界的最强音。

在前资本主义社会，无论是在东方还是在西方，文史哲是社会的主导思想形态。在中国，春秋战国时期的诸子百家、楚辞汉赋、唐诗宋词、元曲、明清小说，都是如此。哲学地位尤其显著。中国历代著名哲学家之多，世所罕见。在中国近代历史上，虽经洋务运动、中体西用、维新变法，以至倡导科学救国，在中国处于主导地位的仍然是人文文化。1949 年以前的中国，科学技术非常落后，从来没有取代过人文文化的主导地位。

西方的历史进程，在很长的时间里大体相似。在前资本主义时期，古代的希腊罗马哲学、中世纪的经院哲学、17 世纪英国哲学、18 世纪法国启蒙哲学和百科全书派、19 世纪的德国古典哲学，都具有时代标志性。在西方文化史上，哲学家名人辈出，他们都是人类文化史上闪光发亮的人物。只有当西方进入工业化、现代化阶段，科学技术逐渐取代人文学科处于主导地位之后，人文学科才逐渐被边缘化。尤其是当科学技术成为第一生产力以后，更是如此。在当代西方，哲学同样是冷门专业。哲学系很小，教授也不多。与科学技术、财经管理等学科相比，哲学是"弱势"学科。

两种文化，即科学技术文化与人文文化主导地位的嬗变，是资本增值和市场需要流向的必然表现。在资本迅速增值的推动下，一切与资本和市场紧密相关的学科得到发展，人文学科尤其是哲学开始褪去它在前资本主义社会的神圣光环。当一切价值都变成可以由货币估价时，资本之神就坐上头把交椅，智慧女神、缪斯女神等诸神必然退位。只要读读《1844 年经济学哲学手稿》中的货币一节，读读《共产党宣言》第一章，读到"资产阶级抹去了一切向来受人尊崇和令人敬畏的职业的神圣光环"，我们就会发现，在工业化时代，哲学被冷落毫不奇怪。

黑格尔 1816 年在海德堡大学的演讲词、1818 年在柏林大学的开讲辞都曾说道，"时代的艰苦使人对于日常生活中平凡的琐屑兴趣予以太大的重视，现实上很高的利益和为了这些利益而作的斗争，曾经大大地占据了精神上一切的能力和力量以及外在手段，因而使得人们没有自由的心情去理会那较高的内心生活和较纯洁的精神活动，以致许多较优秀的人才都为这艰苦环境所束缚，并且部分地牺牲在里面"。这是 200 多年前的话，何其精辟！当时，资本主义在德国刚刚兴起，比起英国和法国仍然落后得多。后起的德国还没开始尝到工业化的甜头，就已经尝到资本主义的苦头。德国哲学家对社会摒弃德国古典哲学传统，人们过分关注世俗的物质生活，啧有烦言，呼吁重回精神生活。可历史并不理会哲学家的牢骚话，它按自己的规律往前走。

当年费尔巴哈报考哲学系时，他父亲写信坚决反对。费尔巴哈的父亲是刑法律师，他期望费尔巴哈子承父业学习法律。在得知费尔巴哈坚决报考哲学系时，费尔巴哈的父亲在给他的信中说："我深深相信，我说服你是不可能的，就是想到你将遭受没有面包丢尽体面的悲惨生活，也不会对你发生作用，因此，我们将按照你自己的意志行事，委身于你自己一手制造的命运，让你去尝尝我向你预言的悔恨。"费尔巴哈没有听从他父亲的意见，坚持进入柏林大学哲学系就读，因为他认定，"哲学之外没有幸福！人只有在自己满足的地方才能有幸福，哲学的嗜好保证了我的哲学才能""哲学给予我永生的金苹果，向我提供现世的永恒福祉的享用，给予我以自身的相等，我将变得丰富，无限的丰富。哲学是取之不尽，用之不竭的源泉"。可德国的古典哲学家以及费尔巴哈的执着追求，也不可能挽回哲学在科学技术飞速发展以及资本对利润追逐面前所处的弱势地位。

物极必反，这是历史的辩证规律。当科学技术迅速发展的同时，各种危机，如生态危机、文化危机、道德危机开始涌现时，理论家们开始记起人文文化，尤其是哲学。可有些思想家把责任归结为科学技术的发展，"科学终结论"随之而起，反科学反技术成为一种思潮。曾经作为推动人类社会进步的科技力量，变成阻碍人类社会发展，甚至被视为败坏人性的恶魔。奥地利哲学家维特根斯坦说，"科学技术时代是人性终结的开始，有关伟大的进步观念，与那种认为真理最终会被认识的观念一起，都是一种错觉，科学知识中不存在良好的值得欲求的东西，而追求科学知识的人类则落入一个陷阱"。这当然是错误的科技观。

问题并不在于科学技术，而在于它如何被运用。对科技的运用，既有社会制度问题，也有科技学者的价值观和人文道德修养问题。自然的惩罚，使人们从物质生产和精神生产严重失衡的痛苦中，从生态环境和社会伦理生态的恶化中慢慢清醒过来。英国学者 C.P.斯诺在 20 世纪 50 年代末由多次演讲结集的《两种文化》一书中已经看到科技与人文对立的危害性。他说："我们必须用以反对技术恶果的唯一武器同样是技术本身。没有别的武器。我们无法退入一个根本不存在的没有技术的伊甸园。"但是"人们必须了解技术、应用科学和科学本身究竟如何，它能做什么，不能做什么。这种了解是 20 世纪末教育的必要组成部分。我们需要一种共有文化"。所谓共有文化，即科学与人文并重和结合的新的文化。哲学必然成为，也应该成为这种共有文化的指导和黏合剂。从人类世界历史发展来看，即使不会出现第二个轴心时代，哲学也绝不会由于科学技术的发展而失去它的光辉。科学技术越发展越需要哲学，后现代主义者鼓吹的"哲学终结论"是与历史发展规律相背而行的。"哲学终结论"仍然是一种哲学，它处在以一种哲学否定另一种哲学的自我矛盾的悖论之中。只要社会在发展，人类的精神渴求在不断充实，哲学之星就绝不会陨落。

二、哲学在当代中国的暂时困境

为什么在社会主义中国，特别是改革开放以来，我们也会出现哲学被冷落的情况呢？20 世纪 50 年代中国人民大学哲学系的辉煌景象至今仍为人们称道。这不是个人的问题，而是社会经济转型使然。当市场需要成为社会经济生活中的主导力量，哲学必然处在社会主义国家和民族的需要、市场经济的需要、个人的需要这三者之间产生的巨大裂痕的夹缝之中。哲学正在夹缝中苦苦奋斗。

从国家需要来说，社会主义中国不仅需要物质财富，物质不能贫困；同样需要精神财富，精神也不能贫困。物质贫穷不是社会主义，精神贫穷同样不是社会主义。社会主义中国需要发展哲学。精神是民族的灵魂，是一个民族能否持续发展的精神动力。一个没有哲学思维的民族，很难自立于世界民族之林。一个有远见的民族和国家的领导人，一定会重视哲学。

毛泽东同志是非常重视哲学的，他自己就是一个伟大哲学家。习近平总书记同样高度重视哲学社会科学，他在哲学社会科学工作座谈会的讲话中历数的中外文化名人中，不少就是哲学大家。他在中央政治局集体学习历史唯物主义基本原理和方法论时的讲话中强调，"党的各级领导干部特别是高级干部，要原原本本学习和研读经典著作，努力把马克思主义哲学作为

1856年10月至1868年马克思在伦敦
住过的房子——格拉弗顿坊46号

自己的看家本领"。应该说，我们的党、我们的国家是高度重视哲学社会科学的。习近平总书记也非常重视中华优秀传统文化，尤其是其中的哲学智慧。随着封建君主制的结束，儒家作为国家主导意识形态的功能已不复存在，但其中包含的丰富的道德伦理和治国理政思想，仍然是中华民族优秀文化的重要构成部分。中国共产党继承儒学中的优秀文化，但不会延续儒家道统。在中国共产党及其领导人心中，马克思主义哲学，包括中外优秀哲学智慧占有着极其重要的地位。

可是，市场经济的需要与国家的需要存在着较大的不同。市场经济对于推动生产力的发展，增加社会物质财富，解决商品短缺和匮乏具有重大作用。社会主义社会同样要建立市场经济，这是生产社会化的历史必然。中国有14亿多人口，发展经济仍然是第一要务。市场经济下财富的积累，有助于社会主义文化的投入，从而有助于哲学的发展。但是市场经济就其本身的主导作用来说，一定会把那些能直接为资本获得最高效益的学科推到前台，而把不能直接为市场需要的学科往后挤。无论是私人资本还是集体资本都是一样的。对"无一技之长"的哲学来说，要在受市场支配的各个行业中找到充分就业的位置，很难。在市场需要的指挥棒下，高校各个不同学科冷热排名的洗牌是难以阻挡的。企业要获得最大效益，当然急需为获得最大效益服务的学科的毕业生。资本对科技的需要，或者对财会人员的需要，对法律的需要，对经济、金融、管理、投资、证券等各种专业人才的需要，肯定要比对一个亚里士多德式人才的需要更为迫切、更为现实。这无关企业家的个人爱好。一个企业家，其个人可以非常喜欢诗歌、喜欢文学、喜欢哲学，这是他个人的爱好，但资本的本性并不喜欢文学、诗歌、哲学，而是喜爱利润，除非文化产品能转变为文化商品，能为资本带来巨大的利润。对市场来说，具有决定意义的是资本的本性，而不是作为资本人格化的个人的嗜好。任由资本选择，把并非市场急需的学科或人才往后挤，这是资本运作的铁的规律。

个人的需要与市场经济的需要、国家的需要又不完全相同，它既有个人兴趣和爱好的问题，又有谋生的问题。但在市场经济条件下，个人对专业的选择会受市场经济影响，甚至会受市场需要的支配。对许多学生包括考生家长来说，个人需要的标准往往是，最好的学科就是能在市场上找到最好岗位的学科，而最好的岗位就是工资最高、待遇最好的岗位，这是个人生活的现实需要。这种完全以市场为导向的专业选择，往往会压制个人的兴趣和爱好。一切为生活而奋斗、为工资而奋斗，对人文学科的发展是极其不利的。这也就是黑格尔说的，人们太重视尘世的利益，而对精神活动的价值越来越疏远。

这三种需要，即国家民族需要、市场需要、个人需要存在的矛盾形成一个夹缝，哲学就处在这个矛盾的夹缝之中。往往是市场的需要和受市场影响的个人就业的需要，压倒许多人对哲学的爱好、对精神的需求，压倒个人的兴趣和可发掘的哲学潜在才能。与哲学谈谈"恋爱"可以，要与哲学"结婚"，终身以哲学为业、过清寒的生活，没有费尔巴哈那种绝对的爱好和价值理想追求，是很难做到的。

国家和民族的需要，代表的是民族的整体发展的需要；市场的需要，是企业经济效益的需要；而个人的需要，是满足个人现实生活的需求。按道理说，在这三种需要中，最重要的是国家和民族的需要。国家代表的是全体人民，它的需要是全面的。既要考虑经济发展，又要考虑人民的整体的人文和道德素质。社会主义核心价值观体现的就是家国情怀，是国家、集体、个人的统一。社会主义国家的目光是长远的，它要考虑到民族的发展和前途，考虑到中华民族伟大复兴、中华民族优秀传统文化的复兴，考虑到全体中国人的人文素质提升和中华文明的发展。

对于国家和民族来说，一个贫困而有卓越成就的哲学家对民族精神的贡献，是任何一个亿万富翁、任何达官贵人都无法相比的。人们至今仍然记得古希腊罗马的那些大哲学家，苏格拉底、柏拉图、亚里士多德，记得中国的孔孟老庄。庄子穷得借米下锅，孔子靠收学生的十条腊肉学费为生，但他们对民族的贡献是无与伦比的。他们是民族精神的塑造者，是民族永远的骄傲。

市场中企业的需要是追求现实的经济效益，是近期的；个人的需要往往是当下生活改善，是短视的。一个真正对哲学具有高度爱好和兴趣的人，不应该仅仅为了高工资而牺牲自己的爱好。真正在学术上有成就的人，不会屈从世俗鄙视的目光，也不会只关注自己的物质生活，而更重视自己的兴趣、爱好和才能，重视对国家、对民族的贡献。

在市场经济条件下，个人对专业的选择应该重视理想和信仰追求。前面提到的费尔巴哈不顾父亲的反对选择哲学，终于成为对人类做出伟大贡献的哲学家。马克思的父亲也是律师，马克思在波恩大学、柏林大学读的都是法律。随着资本主义的发展，学法律当然比学哲学吃香。马克思虽然读法律，但他对哲学可以说是痴迷。他在波恩大学钻研康德、费希特，后来转向黑格尔，如醉如痴，几近疯狂。他在给父亲的信中倾诉了对哲学的"钟情"——"没有哲学我就不能前进"。转到柏林大学后，更是如此。马克思终于成为马克思主义的缔造者，成为千年伟人。如果像费尔巴哈和马克思这样的天才人物，屈从世俗观念，追求所谓体面生活，也许多了一个后世不知其名的费尔巴哈律师，少了一个在哲学史上重新恢复唯物主义权威的伟大哲学家；多了一个子承父业的马克思律师，少了一个新哲学创造者。

资本主义发展史证明，物质欲望的膨胀和对消费的无限追求，可以使一些有才能的人由于屈从物质生活而牺牲自己的哲学才能。这种情况，在我们这里也难完全避免，但有志气的青年应该具有更远大的眼光。笔者总是劝自己的学生认真读读马克思的中学毕业论文《青年在选择职业时的考虑》，这对市场经济条件下如何选择职业有指导意义。马克思说："选择一种使我们最有尊严的职业；选择一种建立在我们深信其正确的思想上的职业；选择一种能给我们提供广阔场所来为人类进行活动、接近共同目标（对于这个目标来说，一切职业只不过是手段）即完美境地的职业。""如果我们选择了最能为人类福利而劳动的职业，那么，重担就不能把我们压倒，因为这是为大家而献身；那时我们所感到的就不是可怜的、有限的、自私的乐趣，我们的幸福将属于千百万人，我们的事业将默默地、但是永恒发挥作用地存在下去，而面对我们的骨灰，高尚的人们将洒下热泪。"

哲学需要有孔颜乐处的精神。哲学家个人的清苦和贫困顶多是个人的不幸，而如果一个民族的哲学贫困，则是整个民族的不幸。我们至今仍然对中华民族历史上众多哲学家怀有一种民族自豪感，原因正在于此。

三、精神家园的重建与中国哲学的前景

哲学在社会地位上陷入困境，导致昔日皇冠上的明珠，现在变为某些人眼中的沙石。是不是中国经济越发展，越不需要哲学呢，哲学系学生越来越没有前途呢？事情恰恰相反。

中国市场经济越发达，物质财富越来越多，越需要关注精神的需求。市场可以解决商品短缺、物资匮乏问题，但不能解决精神贫乏问题。有钱，可以从市场买到自己所需要的东西；尤其是现在的电子商务，你可以买到全国甚至世界各国的东西，可是我们不可能从市场上购买精神。

人是需要有点精神的。人的精神需要有个安放之处。在西方，经济社会越发展，灵与肉的矛盾也越来越严重。肉体的需要可以在市场上得到满足。把肉体交给市场，尽情消费、享受；把心灵的需要交给上帝，交给教堂，在上帝面前虔诚忏悔。这是当代资本主义社会的现实。我们的精神同样需要有个安放之处。宋代朱熹在《答张敬夫书》中提出安身立命问题："而今而后，乃知浩浩大化之中，自家自有个安宅，正是自家安身立命、主宰知觉处，所以立大本行达道之枢要，所谓体用一源，显微无间，乃在于此。"科学解决不了这个问题，市场

更解决不了这个问题。在西方，只有求助于宗教。在西方，宗教确实起着安抚精神的作用。但我们不能走这条路。

改革开放以来，物质丰富了，但上教堂的人也越来越多了，进寺庙烧香拜佛的人越来越多了，口诵南无，手捻串珠的人不少见。当然，信教是个人的自由，一个真正有宗教信仰、注重道德修养、一心向善的信众是受人敬重的。但我们从这种现象中窥视到的不仅是宗教信仰问题，而是当代中国一些人正在寻找精神安顿之处。等而下之的是信大师、信大仙、信风水，甚至信来世、信天象，都折射出灵魂的某种强烈需求。不过这不是精致的需求，而是粗陋、低俗、功利性的精神满足。在微信群里转来转去的各种心灵鸡汤，良莠不齐，不少是群发性的精神的恐慌和缺失的表现。中国是社会主义国家，当然不能以宗教作为安身立命之学，同样不能把儒学变为儒教，但必须重建以人文文化为核心的精神家园。

当前我们面对的是社会道德某种程度的滑坡和价值观念的混乱与信仰的丧失。说到底，这就是精神家园受到破坏，一些人精神缺少坚如磐石的安放之处。对一个国家和民族来说，精神危机是最严重的危机，也是最危险的危机。社会道德滑坡、价值观念颠倒影响的可以是整整一代人，而受影响的一代，又会成为影响下一代人的思想土壤。如果代代相继，这个民族的素质就会恶化。滑坡，这个词很形象，也很贴切，就像从山上往下滚的石头，不采取有效措施，它不会自动停止。党中央已充分认识到这个危害的严重性，并正在采取措施扭转这种现象。

笔者坚定相信，在市场就业导向下，哲学可以由热变冷；但随着人们的精神家园的重建，随着过度消费引发的精神饥渴症的发作，哲学作为世界观、人生观、价值观，作为思维方式的需要，一定会由冷变热。经济越发展，哲学，尤其是马克思主义哲学作为精神压舱石的作用会越来越重要。我们生活在一个最需要哲学的时代，但我们并不自觉。当代信仰的缺失、理想的动摇、道德的错位、价值观的颠倒是社会经济转型期的某种并发症，是前进中的倒退。我们生活在真正需要哲学的时代，偏偏由于种种原因哲学专业被冷落。

对于这种现象，作为一个哲学工作者，笔者经常进行自我追问：我们是一群什么样的人？我们是否尽到了自己的社会责任？笔者认为，哲学各学科片面专业化和自我封闭，哲学人才的知识结构单一化，哲学研究的自我娱乐化，都是我们必须严肃面对的问题。

在中外哲学史上，有名的哲学家并不是专业哲学家，更不是学院派的哲学家。孔孟老庄、二程陆王、黄宗羲、王夫之以及康有为、梁启超等，都是或向当权者推行自己的政治理想，或为高官、改革家、革命家。王阳明上马能平叛戡乱，下马能从政为文，贬谪能沉思悟道。古代哲学家都是文史兼通、能言能行，对社会、政治、人情、世情、国情有深切理解，有理想有抱负。而不是寻章摘句、皓首穷经、老死书斋的所谓专业哲学家。哲学成为专业，在中国始自1912年北京大学的"哲学门"。有了哲学系以后，哲学才开始成为专业。

在西方同样是如此。哲学专门人才的出现是伴随近代教育世俗化而来的。苏格拉底之前的哲学家是自然哲学家，对自然科学有贡献；苏格拉底、柏拉图和亚里士多德都关注城邦的政治和公共生活；中世纪主要是神学，神学院培养的是神学家，哲学是神学的婢女，是为神学服务的。18世纪以后出现的一些大哲学家，洛克、休谟、笛卡尔、斯宾诺莎、莱布尼茨都不是教会或大学哲学系培养的，他们都具有精深的科学素养，与自然科学群体联系反而紧密。德国古典哲学家包括康德、费希特、谢林、黑格尔、费尔巴哈都出自大学，但他们不单纯是学院派哲学家，他们都从哲学角度关注德国的社会现实或重大的哲学问题，他们的哲学成为时代精神的精华，被称为德国政治变革的先导。自19世纪以后，西方哲学家变为专业化、职业化和学院派的哲学家。与前辈相比，真正从大学哲学系出来的哲学大家极其罕见。问题并不在于哲学成为哲学系科和培养专门哲学人才，而在于哲学家自己如果一旦成为只关注书本而脱离社会，对自己所处时代的问题，无论是现实问题，抑或重大哲学问题冷漠，而热衷于从头脑中构建体系的哲学家，这种哲学家终究会成为时代的弃儿。

我们大学的哲学系不应该培养学院派哲学家。我们的哲学老师，我们哲学系的学生，无论是大学生，还是硕士博士，都应该关注社会、关注现实、关注生活，不能只关注书本，应该有从现实中捕捉哲学问题的本领，而不能从书本的字里行间中寻找微言大义，从概念到概念构筑所谓哲学新体系。这是在沙滩上搞建筑，不管乍看起来多么雄伟，几脚就可以踹倒。

当代中国，哲学系已经是一个哲学大家族。20 世纪 50 年代辩证唯物主义和历史唯物主义教研室一枝独秀，而现在是包括八个二级学科的一级学科。这个变化是哲学学科的进步和发展，但也容易带来一个问题，那就是各个二级学科筑垒自守、彼此隔绝。如何在发展各个二级学科的同时，使各个二级学科研究形成一股合力，推动当代中国哲学的发展，仍然是一个没有解决的问题。尤其是如何发挥马克思主义在各个二级学科中的指导作用，也是一个有待解决的问题。中国的哲学院系的各个二级学科，如果拒绝马克思主义作为基本理论和方法论的作用，就不是社会主义中国的哲学院。这种哲学院与西方哲学系有何区别？如果我们的哲学研究缺少创造性思维，没有为祖国为人民立德立言的推动力，即使能炮制一些不具有任何现实价值或理论价值的论文，或者构建一个从概念到概念的哲学体系，最多只能在同行圈子里相互欣赏，走不出书房，走不出朋友圈子，作用极其有限。这种哲学研究由于缺少创造性，像尼采说的，是"从瓶子里倒水"，从"一个瓶子"里倒到"另一个瓶子"里。

马克思主义哲学是最具创造性的哲学。因为它立足生活，面对社会问题。它不是倒水，不是把一个瓶子里的水倒到自己的瓶子里，而是从生活中，从科学发展、从社会发展和社会科学成就中提炼出新的问题。它是以问题为导向，而不是以书本为导向。马克思和恩格斯从资本主义社会向何处去，人类向何处去，无产阶级和人类如何获得解放，如何才能实现一个人的自由全面发展这些问题出发，来建立马克思主义哲学学说。毛泽东同志的《实践论》《矛盾论》《关于正确处理人民内部矛盾的问题》，以及他的其他哲学著作，都是立足中国实际和中国问题来思考哲学问题。哲学的创造性当然有继承性，但不是从瓶子里倒水的那种继承性。毛泽东同志强调的是马克思主义的中国化，是马克思主义与中国实际相结合。结合完全不同于从瓶子里倒水。倒水，仍然是水；而结合，是创造性发展。

哲学，无论是马克思主义哲学、中国传统哲学、西方哲学，在中国都有发展空间和光明的前景。制定方针政策需要，各级干部需要，通识教育需要。尤其是面对全体学生的思想政治理论课，不能缺少哲学。有人说，作为思想政治课的哲学不是哲学，而是洗脑学。洗脑很难听，因为洗脑通常理解为思想和精神控制。但我可以理直气壮地说，思想政治理论课就包括"洗脑"，它"清洗"的是学生头脑中的错误思想。西方教育不洗脑吗？不是宣传他们的爱国主义吗？不是以各种方式宣传西方价值观吗？不是通过学校和各种舆论手段天天在进行洗脑吗？为什么我们用社会主义核心价值观，用科学世界观、人生观和价值观教育我们的青年人就被贬为洗脑呢？就被视为反对学术自由、反对独立思考呢？脑是要洗的，以免沾满污垢。问题是用来洗脑的水是清水还是脏水，是真理还是谎言，是科学还是偏见，使人们精神向上还是往下坠落。我们就是要加强思想政治教育，这是有关培养什么样的人、为谁培养人的大问题。我们不怕西方说三道四，也不怕国内有人附和。我们的哲学要发挥哲学的特长，用科学世界观和思维方法来武装我们学生们的头脑。

当年毛泽东同志说，让哲学从哲学家的课堂和书本里解放出来，变为群众手中的武器。这句话的真实含义不是不要课堂，不要书本，而是不要走学院派的道路。正如文学要走出象牙之塔一样，哲学也应该从神圣的哲学殿堂里走出来。心中有人民，心中有国家，以问题为导向，真正进行创造性的哲学研究，把研究成果变为民族的宝贵财富和培养与提高全民人文素质的现实哲学智慧，这是一条宽阔的无限向前延伸的哲学之路。14亿人口的中国，真正的哲学人才不是太多而是太少，哲学在社会主义中国有无限发展的空间。

第六章　文化传承的自觉性和制度化

民族文化传承与文化传播不同。文化传承是一个民族文化内部的源与流、继承与创新关系；文化传播是本土文化与外来文化、文化交往与文化吸取关系。民族文化重传承，外来文化重借鉴。文化传承的源流不断，以国家的存在和统一为前提。自觉性和制度化是支撑一个民族文化源流不断的两大支柱。中国拥有丰富的传统文化，而且是唯一没有中断的世界文明古国。在历史上，中华文化传承的自觉性和自发性、制度化和制度缺失并存，其中有不少历史经验和教训可供总结。

中共中央办公厅和国务院办公厅不久前印发的《关于实施中华优秀传统文化传承发展工程的意见》，其最闪亮之处在于，显示了中国共产党把中华优秀文化传承的自觉性和制度化保护，提高到国家文化战略层面。文化传承的自觉性和制度化，是中国共产党人对民族优秀文化、对我们祖先以及对我们子孙后代承担的历史使命，也是真正把文化自信落到实处的重大措施。

一、文化自觉与文化传承

文化传承是人类社会发展的内在精神动力。人类创造文化，必然同时出现文化传承。如果每代人都从头开始，文化就不可能积累，社会发展也必然陷于停滞。中国传统文化就是在传承和创造双重张力下发展的。

中国传统文化的传承，既有自觉性的一面，又有自发性的一面；既有制度化的一面，又有缺少可靠制度保障的一面。因此中国传统文化的发展既呈现出总体的连续性和继承性，也呈现出局部的大量著名经典只知其名并无其书，非物质文化技艺绝活传统失传，以及历史上不少曾极一时之盛的学派因后继无人而成为绝学。我们祖先留下了很多好东西，但也失去了很多好东西。中国历史上的经典，包括经史子集以及文学艺术各类书籍，各种国宝级的文物和艺术珍品，经过兵、火、掠、盗，今人真正能看到的可能不得其半。这里就存在一个文化传承的自觉性和制度化保护问题。

流传久远，保存较好的是儒学经典。中国封建社会虽历经王朝更替，但儒学并未中断。历史上，曾与儒学同为显学的墨家，作为学派就成为绝学。其他在战国时期曾经活跃的不少学派，也是如此。原因在于自汉武帝罢黜百家、独尊儒术以后，儒学的自觉传承受到制度的支持，与封建社会制度高度结合。不管王朝如何更替，儒学作为封建社会官方的意识形态的地位没有变。儒学的形态会变化，如援道入儒，或儒释道融合，但封建社会儒学主导地位未变，儒学作为中国传统文化核心未变。尤其是自宋代科举以《四书》为标准答案，《四书》《五经》成为中国读书人必读典籍。国家政权力量的导向，对儒家文化的自觉传承发挥了重要作用，而其他学派则成为纯学术领域，自发传承。有其人则有其学，无其人则成绝学。这应该是文化自觉传承观念缺失的损失。

儒学成为中国传统文化的正统和主导，对中国人的精神世界发挥了重大作用。儒学主张皇天无亲、惟德是辅，主张民本、得人心者得天下、诛独夫不为弑君等重要思想，对君权具有一定的约束力；它提倡的为学之道、为官之道、为人之道具有道德自律作用，培养了不少著名学者，也产生了不少有气节与骨气的诤臣和杀身成仁视死如归的忠勇之士。文天祥临刑时说："读圣贤书，所学何事，而今而后，庶几无愧！"是其中最为著名的人物之一。

历史上的读书人，即所谓士、儒生，主要是通过直接阅读经典来继承中国传统文化的。这也是一种自觉传承。这种自觉传承对培养中国读书人的人文素质和道德水平作用很大，读书和明理的统一，发挥了儒学的教化作用。在中国历史上有各种教育机构，除官学外，还有私塾、家塾，唐宋后书

马克思（1872 年上半年于伦敦）

院兴起，这都属于文化的自觉传承的载体。儒学得以传承，其中一个很重要的原因是教育，孔子首创私学，号称弟子三千，贤徒七十二。孔子逝世后，儒学得以传承，孔门弟子及其后学，与有力焉。

中国有修史的传统，史书不仅包括为政之道和治乱得失，也包括文化的自觉继承。统治者特别注意从中国传统文化中吸取治国理政的经验，如唐代魏征奉旨编纂的《群书治要》，就

是一个突出例证。有些王朝注意编纂类书，如《册府元龟》《太平御览》，尤其是《永乐大典》《四库全书》，规模宏大，世所未有。

儒学自觉传承的制度化包含两面性，既有制约君权，弱化专制主义的一面；可统治者为了有利于统治往往强调另一面，即尊卑有序，忠君死节，不准犯上作乱，而对民本、仁政、王道，往往口惠而实不至，虚应故事者多，真正实践者少；儒学有培养士子的人文道德境界，积极入世，为贤臣为良相为清官为良吏为君子的重大作用，但一旦制度化，成为官方录用和科场考试标准答案时，往往异化为进入官场的敲门砖。十年寒窗，为的是金榜题名。当儒学的传承与官员的升迁结合，儒学教义逐步被教条化、僵化和门面化，成为历史的宿命。熟读儒家经典人中的两面人，即所谓的假道学并不少见。这是儒学独尊和功利化带来的负面作用。

在历史上文化传承自觉中包括自发作用。中国是一个有丰富传统优秀文化的国家。中国官员甚至高官中著名文学家、哲学家、诗词大家不乏其人。中国官员文化修养高，能为官亦能为学，能为文兼能为诗。这与从小接受传统儒学正统教育和自身文化修养有关。除正统儒学教育外，其他学派作为门派虽然没有延续，但其中一些著名经典仍有流传，为专家学者所研究，因而其思想得以保存。况且，中国传统文化内容非常广泛，包括诗歌、小说、绘画、笔记、野史，都提供精神食粮。

这些与获取功名无关。科场失意难入仕途者，往往在学术研究和传承方面成就更大。这是一笔自发传承中有价值的文化财富。

中国曾是一个文盲极多的国家。直到新中国成立前，文盲率仍然极高，教育极不普遍。文化经典自觉传承由于教育不普及，文盲众多而受到极大限制。普通百姓绝大多数不可能直接阅读经典。他们是通过文化的自发社会功能，接受生活其中的民族文化的熏陶和感染。传统的道德规范、优良的风俗习惯、家教门风、戏曲、小说、生活方式和人际交往的规则、传统节日和祭祀活动等日常的活的文化形态，通过人伦日用发挥作用。中国传统文化精神的精髓往往通过这种世俗化的方式自发传承，成为我们民族成员精神构成的重要基因。但传统文化世俗化的自发传承，往往良莠不齐。在中国传统文化传承中如何区分精华与糟粕，如何改变旧风俗旧观念旧习惯，在旧制度下很难实现。中国近代一直为一些批评者诟病的中华民族的劣根性和国民性，并非中国人的特性，而是文化自发传承中的坏东西的影响和流毒的积累。在文化传承中应该提高择优汰劣的自觉性。

毛泽东说过，"从孔夫子到孙中山，我们应当给以总结，承继这一份珍贵的遗产"。在中国人民获得胜利之前，这是马克思主义者应该如何对待自己文化遗产的历史唯物主义原则。只有当中国共产党人掌握全国政权以后，重树文化自信，才能自觉承担传承发展中华民族优秀文化的历史责任，并通过制度化保障，实施中华文化资源普查、共享、登录和保护制度。提高优秀文化传承的自觉性，确立文化保障制度，有效防止中华文化资源的流失，这是对历史上文化传承中自发性和制度缺失经验教训的总结。

二、立德树人，殊途同归

当代中国，不是独尊儒术的时代。中华优秀传统文化传承的内容丰富，包括各类文化遗产和非物质文化遗产，而且涉及政府众多部门共同承担的任务。但从国民教育角度说，中华优秀传统文化全方位融入各个不同的教育层次、不同教育类别，非常必要，非常重要。春风化雨，润物无声。通过课程设置，中华传统文化的核心理念、中华传统美德和人文主义精神，从儿童时抓起，逐步内化为受教育者的人文素质和价值理念。这是社会主义制度下优秀文化自觉传承的有效途径。

中华优秀传统文化进课堂和加强高校思想政治理论教育的关系如何处理，是一个我们当前必须面对和正确处理的问题。以马克思主义为核心内容的思想政治理论课与以儒学为核心内容的中华民族优秀传统文化在理论框架、基本范畴和概念，以及对不少问题的解释上会出现理论差异性。如何调适两者关系，立足于巩固马克思主义在意识形态领域中的指导地位，牢牢把握社会主义先进文化前进方向、坚持中国特色社会主义文化发展道路，在坚持马克思主义与中华优秀传统文化结合上狠下功夫，这应该是我们面临的一个新课题。

中国文化经典进课堂与思想政治理论教育，在立德树人方面各有功能，殊途同归。政治理论教育具有极强的政治导向性和直接现实性，它的根本任务是用科学的世界观和方法论，用马克思主义基本原理教育我们的学生，树立正确的政治意识和政治方向，为中国特色社会主义事业培养合格的建设者和接班人。这是直接关系到我们高校办什么样的大学，怎样办大学；培养什么样的人，为谁培养人的大问题。传统文化经典进课堂不能代替也不应削弱思想政治理论课的导向功能，而要发挥它们的互补作用。

我们要充分认识中华优秀传统文化的核心理念，即它的人文精神与高尚的道德规范和情操，是我们立德树人的思想资源，决不会因为重视和强调思想政治理论课而减少它的重要性。可以这样说，我们的学生如果不接受马克思主义思想政治理论的教育，不可能成为当代社会主义条件下具有明确社会主义政治方向的中国人；如果不接受中华优秀传统文化的教育和培养，不可能成为具有中国优秀文化素质和道德教养的中国人。

思想政治课教员应该重视中华优秀传统文化的学习，要认真学习和钻研一些中国的传统经典著作，掌握它的精髓。我们自己不仅以其作为立身之本，还应该把它融入自己讲授的课程中。在中国从事马克思主义研究，包括从事思想政治理论课的教学，不具备中国传统文化素养，不可能成为一个能结合中国文化特点和用中国话语阐述马克思主义基本理论的教员。只要认真思考，我们可以发现马克思主义基本理论和中华优秀传统文化的核心理念和人文精神，作为人类智慧与社会进步和人类道德进步的走向是相通的。就功能来说，它们都能发挥立德树人的作用。任何一个马克思主义理论课教员，都能从中华优秀传统文化的核心理念和传统美德与人文精神中，找到和发现与马克思主义的信仰和理想、与辩证唯物主义和历史唯物主义原则相契合相一致的思想。如果思想政治理论课不能与中华优秀传统文化相结合，成为无血无肉无情无感完全非中国化的普遍的抽象的原理阐述，就会失去它的感染力和吸引力。其实，中华文化经典著作中的智慧思想，以及名文佳作、诗词歌赋，都可以成为我们讲政治课的极有价值的思想资源。要学会用中国话讲授马克思主义思想政治理论课，教师自身一定要有较好的中国传统文化素养，并具备善于精准灵活运用中华优秀文化资源的功力。

同样，中国传统文化的研究者和讲授者，不能轻视甚至拒斥马克思主义，不应轻视思想政治理论课的作用。其实，讲授中国传统文化，如果不是照本宣科，不是满足于停留在解字释义的水平，就能发现马克思主义，发现辩证唯物主义和历史唯物主义的理论威力，一旦应用它来理解与解释中国传统文化，其就会上升到一个新的境界，充满新时代的丰富内涵。中国传统文化的创造性转化和创新性发展的方法论指导是马克思主义，而它的现实基础则是中国特色社会主义实践。离开了马克思主义思想指导和中国特色社会主义建设的现实基础，传统文化中的思想就只是一种历史性存在，难以与现时代相适应。只要仔细观察，我们可以看到如革故鼎新、与时俱进、脚踏实地、实事求是、惠民利民、安民富民、道法自然、天人合一，以及讲仁爱、重民本、守诚信、崇正义、尚和合、求大同，在我们的时代，已经有了新的理解和充满现实的内容。"天人合一"已经突破传统中的天命论杂质、提升为吸取马克思主义哲学中包含的人与自然关系和人与社会关系的新内容，解决了原有命题中"天人相分"和"天人合一"之争的内在对抗；只有立足于当代社会主义实践才能懂何者为故，何者为新，在中国特色社会主义前进过程中"革故鼎新"的本质和方向是什么；不懂辩证唯物主义，就不懂"实事求是"为什么能从古人倡导的一种治学态度而成为中国共产党的思想路线；不懂历史唯物主义的基本原理和它关于人民群众的观点，"惠民利民""安民富民"最多只能停留在封建社会口惠而实不至的所谓"王道""仁政"上；"水能载舟，亦能覆舟"，在当代中国已上升为为人民服务和人民是社会主义国家主人的水平，而不单纯强调水的载舟和覆舟功能，否则就无法超越封建社会统治者既离不开人民又害怕人民的两难困境；离开辩证法，离开矛盾对立统一学说，不知合与分，和与斗的辩证关系，就会陷入另一种片面性。民为邦本，本固邦宁，得人心者得天下，这些古训极好，为什么中国历代王朝总是一再重复弱本强枝、失去民心的错误呢？没有唯物主义历史观，难以解释清楚。因此必须坚持辩证唯物主义和历史唯物主义，秉持客观、科学、礼敬的态度，取其精华、去其糟粕，扬弃继承、转化创新，不断补充、拓展、完善，才能使中华民族最基本的文化基因与当代文化相适应，与现代社会相协调。以这种态度在课堂上讲授中华优秀传统文化，就不会与思想政治理论课的内容南辕北辙，而是相得益彰，各自发挥特长和优势，从不同方面发挥立德树人的作用。

个人的学术与信仰有其自由，但在当代中国，传统儒学经典进课堂不是为了把我们的学生培养成熟读儒学经典而不与时俱进的当代儒者，而是将他们培养成既有正确的政治方向和科学的世界观与思维方法，又通过对中华优秀传统文化的基本内核、人文精神和高尚道德的掌握，成为具有高度的人文素质和道德教养，热爱中华民族文化的现代人。而且通过对中华优秀传统文化的理解，深化对中国特色社会主义道路、理论、制度和文化的认同。

三、论据各异，智慧相通

我有位朋友是一位有成就的自然科学研究者。他向我提了个问题：如果心外无物、心外无理，吾心即宇宙，宇宙即吾心，那我们这些以客观外在世界为研究对象的科学家就用不着进行科学实践，坐在家里做足修养功夫不就行了吗？这种困惑是建立在不理解以儒学为主导的中国传统文化的特点以及心学的精华所在。不理解马克思主义的本质和以儒学为主导的中国传统文化的各自特点和运用边界，就容易陷入非此即彼，水火不容的理论困境。

在思想政治理论课堂上，教员讲人的本质是社会关系的总和，没有无缘无故的爱也没有无缘无故的恨。"同是天涯沦落人，相逢何必曾相识。"同情心、恻隐心、怜悯心、羞耻心并非与生俱来的。政治理论课讲世界的物质性，讲规律客观性，讲物质世界是不依赖人的意识而存在的客观世界，世界在人产生之前早就存在；讲要承认有天人之分，承认世界有主体与客体之分，它们只是在一定条件下统一的，而不是"天地与我并生，而万物与我为一"，等等。如果心外无物，心外无理，人类就不必认识世界，也不必改造世界。心外无物，人类实践和科学研究就没有对象；心外无理，就不必探求和研究客观规律。

可在讲授儒学经典中会讲到孟子的性善说，四端四心说，尤其是讲程朱理学和陆王心学时，会讲到离事而言理，强调理在事外；会讲到人皆有是心，心皆具是理，主张返回本心，致良知。讲到良知是天性，是本心，见父自然知孝，见兄自然知悌，见孺子入井自然知恻隐。这些是天性，内在于心，不假外求。如果思想政治理论课根据辩证唯物主义和历史唯物主义强调的是物质、客观、实践，物质第一性、意识第二性，而在中国传统文化尤其是心学中，强调的是天理、天良、本心、良知和致良知，讲到一念之动即是行，等等。如果各是其是，各非其非，我看学生思想会越学越乱，头脑变成跑马场。要正确处理思想政治理论课与中国传统经典进课堂讲授中出现的立论差异，就要讲清以马克思主义为指导的思想政治理论和中华传统文化既有相通之处，也会由于各自关注点不同而产生的论述的差异性。

马克思主义是认识世界和改造世界的哲学。承认世界的客观性、规律的客观性，主张认识来源于实践，否则，它就不能承担无产阶级和人类解放的理论指导作用。马克思主义具有科学特性，它重视客观性、规律性和可验证性。马克思主义经济学要求研究客观经济规律，科学社会主义学说要求研究社会主义取代资本主义的必然性规律，而马克思主义哲学要求研究世界的客观本质和世界发展的普遍规律与社会发展规律。当代中国马克思主义要研究中国特色社会主义发展规律。重视物质世界、重视实践活动、重视客观规律，重视科学的认识论和能动反映论，这是马克思主义学说作为科学世界观的题中应有之义。马克思主义反对事理分离，离事而言理；反对心物分离，去物而言心。

中国传统文化中同样有本体论和认识论问题，儒学中的气论、墨学中的认识论和逻辑学，老庄哲学中的辩证法，与马克思主义哲学有相通相似之处。但中国传统文化的特色是以儒学为主导的人生伦理型文化，是重道德、重价值、重修养、重心性的学说。人不仅有对象性意识还有自我意识；对象性意识当然离不开对象，是一种反映性意识；可人的自我意识是人的内心世界。道德的本性是自律，人不可能离开人的内心世界而进行道德修养和道德自律。以心为体，重内心世界，强调修养是中国道德伦理型文化的立论依据。

心是什么，我们无法按人体解剖学来理解这个中国哲学问题。按生理学，人有心脏，它是人的生理器官；心脏不是思维器官，人的思维器官是大脑。在中国哲学中，心是包括知、情、意，包括人的道德和价值在内的主体的能动的内心世界。它是人的身体和行为的真君，是主宰。恻隐心、羞耻心、辞让心、孝心，诸如此类的所谓心，就是道德规范内化而形成的良知。良知，就是内心的道德；致良知，就是通过修养而达到最高的道德境界，而知行合一就是道德实践。一念之动就是行，必须慎独排除杂念。人人有圣人之质，但不一定能成为圣人，因为人的天良容易为私欲所蔽，必须修心。只有正心才能诚意，才能修齐治平。这是"修心"说的意义所在。

当年毛泽东在师从杨昌济先生时，熟读泡尔生的伦理学。毛泽东写于1917年的论文《心之力》就是从道德修养的视角看待心性之学的。文章劈头就是，"宇宙即我心，我心即宇宙。细微至发梢，宏大至天地。世界、宇宙乃至万物皆为思维心力所驱使。博古观今，尤知人类之所以为世间万物之灵长，实为天地间心力最致力于进化者也。夫中华悠悠古国，人文始祖，之所以为万国文明正义道德之始创立者，实为尘世诸国中最致力于人类与天地万物精神相互养塑者也。""夫闻三军可夺其帅，匹夫不可夺志。志者，心力者也。"

在中国成语中关于心字的成语甚多，这表示中国人对心的重视，对内心修养的重视。一个人，如果心术不正，没有羞耻心，必然没有道德底线，什么坏事都能干。百姓如此，当官为政者亦如此。《大学》中说："自天子以至于庶人，壹是皆以修身为本。其本乱，而未治者否矣。其所厚者薄，而其所薄者厚，未之有也。"修身的核心就是修心，即净化自己的内心世界。

我们不能离开中国哲学的语境抽象地讨论中国传统文化的特色。不能用各种关于宇宙起源和人类起源的学说来衡量"天人合一""吾心即宇宙，宇宙即吾心""心外无物、心外无理"之类的中国道德形而上学的哲学命题。按照辩证唯物主义物质本体论和科学认识论的观点，无法认同"吾心即宇宙，宇宙即吾心""心外无物、心外无理""万物皆备于我"的哲学命题。可是当我们把它看成是一种人生境界和道德追求，看成对"止于至善"的终极道德价值的追求，看成是对作为

"会思想的芦苇"的人和动物的不同之处，我们就能明白中国传统文化的特色。阳明心学之所以被认为是中华优秀文化的精华，就是因为它强调人的主体性，懂得致良知的修养功夫和知行合一的道德实践原则，对于纠正当代人过度物化，具有现实价值。

马克思主义哲学反对唯心主义，但重视人的精神世界，反对庸俗的和机械的唯物主义。精神当然不能离开肉体，但精神的作用，即人的知情意和人的道德的力量是巨大的。它可以使人舍生忘死，泰山崩于前而色不变。毛泽东说，人是需要有点精神的。毛泽东著名的《愚公移山》《为人民服务》《纪念白求恩》就是赞扬一种精神。赞扬愚公"挖山不止"的坚忍不拔精神、张思德的"为人民服务"精神、白求恩的"不远万里"而来的"真正共产主义者的精神"。列宁赞扬强调精神作用的唯心主义哲学家是"聪明的唯心主义"，而把否定精神作用的庸俗唯物主义称之为"愚蠢的唯物主义"。

在世界的物质性和物质与意识的辩证关系上，我们坚持马克思主义世界观。我们不赞成"以心为体"的思想超出道德修养和安身立命的范围，取代马克思主义哲学的基本观点，但我们高度重视"心"即人的精神的能动作用。只要我们准确地把握马克思主义与中国传统文化的相通和相异之处，知道它们各自的立论依据、各自的理论功能和适用边界，就能找到一条马克思主义基本原理同中华优秀传统文化相结合的创造性发展当代中国马克思主义之路。

四、评"逆取顺守，匡时救世"说

有种议论，认为今天大力倡导儒学经典进课堂，是为了把读经作为纠正当代所谓世风日下、人心不古、道德失范、价值观混乱的灵丹妙药、救世良方，即所谓"逆取顺守，匡时救世"。这种看法，肯定失之偏颇。

读经并不能救世。中国历史上并不缺乏读经的年代。历朝历代的读书人都是读经的，当时所谓读书主要就是读经。尤其是宋以后以《四书》作为标准教科书，封建时代的读书人，可以说是自小从经中泡大的。举国士子读经，是当时的社会现实。谁能说那些经书读得最好，在科举中荣登金榜的人，就是道德水平最高的人呢？只要懂点中国历史都知道，十年窗下无人问，一举成名天下知的士子中，确实有很多得儒学精髓，穷则独善其身、达则兼济天下，居庙堂之高则忧其民、处江湖之远则忧其君的读书人，但也有不少以弄权愚民为目的的大贪巨猾。《儒林外史》中塑造的严贡生严监生，以及鲁迅先生《故乡》中的鲁四爷，不过是这类人中微不足道的小人物。

封建社会的贪污腐败，虽严刑峻法，剥皮楦草，难以杜绝。这是社会制度的本质问题。它既不是读经读坏的，也不是单纯读经能读好的。至于当今社会中出现的贪污腐败、诚信缺

失和道德失范问题，并非一些危言耸听者所说的是传统文化断
裂造成的，而是社会急剧转变中法治建设和道德教育滞后导致
的问题。解决的方法存在于坚持中国共产党的领导、坚持依法
治国和以德治国、坚持从严治党，坚决反对贪污腐败。当然，
这不是我们不需要"读经"的理由，相反，中国文化经典中
就包括古人治国理政、反贪惩腐的智慧；而且优秀文化经典进
课堂，肯定有利于学生优良道德的养成，有助于形成向上向善
的社会风尚。文化经典进课堂是教育体制改革的一件大好事，
必须做好、做实。

中国传统儒学经典进课堂，可不是一件简单的事。如何
教，如何学，这是教育体制改革的一件大事。经典文本并不能
与中华优秀传统文化简单画等号。毫无疑问，中华优秀传统文
化存在于经典文本之中，但经典文本同样存在糟粕、存在时代
的局限性。把经典文本与优秀文化等同，以为读经就等于传授
优秀传统文化，无须辨析，只能接受，这是一种简单化的看
法。经典文本和从经典文本中提炼出来的精华存在差别。精华
充分体现了中华优秀传统文化中的总体性理念、智慧、气度和
神韵，它是从各个学派经典文本的精华和中华民族生活实践经
验的精炼，如百花酿蜜，得其精华，而文本中的思想则可能精
芜杂陈。因此，中国经典文本进课堂，如果我们的教师不重视
甚至拒斥马克思主义作为基本理论和方法论，效果是不一定能
达到预期的。

取其精华，去其糟粕，这是我们对待中国传统经典的基本原则，也是提高优秀文化传承自觉性的根本之道。尽管有些学者会有不同的看法，但把握社会主义先进文化前进方向，坚持以人民为中心，以创造性转化和创新性发展的态度对待中国传统文化经典进课堂是完全必要的。只有这样，才不会把重视文化经典的学习理解为全国开展读经运动。才能理解今天的阅读经典不同于中国封建社会的皓首穷经，不同于鲁迅在《华盖集·十四年的"读经"》一文中大力抨击的以守旧复古维护旧制度旧秩序抵制西学为目的的读经。区别的关键就在于，中华文化经典进课堂大大有利于巩固马克思主义在意识形态领域中的指导地位，丰富和发展社会主义先进文化，牢固树立社会主义核心价值观，对整个民族的素质和前途具有长远的重要意义。这是实现百年树人的长远的教育和文化政策，是实现中华民族伟大复兴的经国大计，而不是一时病急乱投药的所谓"匡时救世"。

第七章　文化自信中的政治与学术

一、文化自信既具有政治性
又具有学术性

从文化自信与道路自信、理论自信、制度自信的内在相关性来说，它是当代中国现实中最重要的政治性问题。因为它是中国道路选择、理论创新和制度构建的文化支撑，是实现中华民族伟大复兴的精神支柱。脱离中国的历史和文化，难以说清中国道路的历史必然和必要性，难以说清制度的优越性和它对中国历史上治国理政智慧的继承性，难以说明中国特色社会主义理论中所蕴含的中国话语、中国风格和中国气魄。如果我们脱离中国历史和当代中国的社会现实，把文化自信问题变成一个与中国道路选择和制度建构无关的所谓纯文化学的问题，就是把沸腾着中国现实生活的活生生的时代性课题，变成一个书斋中的问题，遮蔽了它在中国现实的重要意义。

从文化本身来说，原本不存在"自信"与"不自信"的问题。任何一个民族对自己的民族文化都怀有眷恋和热爱之情。"美己之美"是文化民族性的表现。当文化自信成为一个问题，它就不会是一个单纯的学术问题，肯定有其深层的社会原因。文化自信的对立面是什么？是文化不自信，是文化自卑。在当今，为什么要提出文化自信问题，只有放在近现代中国历史发展过程和当代现实的舆论场才能理解。

中国曾经是一个半殖民地半封建国家，在新中国成立前近百年的历史中，中国屡遭西方帝国主义侵略，国人中曾经弥漫着一种文化自卑情绪。从技术不如人，制度不如人，最后到文化不如人。总之，中国一切不如人。连西方的月亮也比中国月亮圆。中国人民的伟大胜利，也是中华民族文化自信的伟大胜利。但是文化自卑思想，在一些人中并没有由于中国人民的胜利而完全绝种。它的现实表现就是关于道路和制度的选择问题，有人认为中国应该走世界文明道路，所谓世界文明之路，就是以西方基督教文明为核心的西方现代化之路。这条路才是世界文明之路，才是人类发展的普遍道路。至于中国特色社会主义的道路、理论和制度，完全离开了世界文明的发展轨道，是沿袭自秦始皇以来中国封建君主专制和文化专制主义之路，是自外于世界文明潮流的封建社会老路。

为什么西方资本主义道路就是世界文明之路，是人类的共同道路，而中国根据自己历史和深厚文化传统，自己的国情选择的道路就是非文明道路呢？说到底，就是认为西方文化优于中国文化，西方文明优于中国文明。在当代中国，凡是对自己民族文化怀有自卑心理的人，就不会有道路自信、理论自信和制度自信。这种极度的不自信的表现，就是以西方的"普世价值"作为衡量中国现实的尺度，把别人鞋子的尺码作为衡量自己的鞋子是否合脚的标准。如果说，"郑人买履"是宁愿相信鞋样而不相信自己脚的蠢人，那种鄙视自己的文化和文化传统而只相信西方文化优越的现象，是中国曾经被殖民的余毒未尽。如果离开中国近代百年的耻辱史，脱离当代关于中国道路选择、中国特色社会主义理论和制度构建的论断，就不可能知道为什么现在会提出文化自信问题。把文化自信问题放置在对五四新文化运动"中断传统文化"错误彻底"反省"的背景下，显然是一种理论误导。这不仅不理解文化自信问题的现实性，而且会导致否定五四新文化运动倡导科学与民主的历史进步潮流，诱发复古主义的沉渣泛起。

当然，文化自信问题不仅具有政治现实性，而且包含文化理论。其实，在现实生活中，任何一个事关全局的重大政治性的问题，必然同时会呈现为一个重大理论问题。在当代中国，文化自信问题也是一个内涵极其丰富、学理性极强的学术问题。不懂文化的本质和功能，不懂文化在人类历史中的地位和作用，尤其是不懂中国传统文化和当代文化的丰富内涵，也就难以深透地理解习近平总书记为什么把文化自信与道路自信、理论自信、制度自信并提，而且着重指出，"文化自信是更基础、更广泛、更深厚的自信"。这说明，与道路自信、理论自信、制度自信相比，文化自信有自己独特的理论内涵，它涉及的是文化能动作用，以及只有文化才具有的不可替代的特有功能。

为什么文化自信更基础、更广泛、更深厚？马克思主义的传入对中国当代文化结构的变化产生了什么样的重要影响，它与中国传统文化关系应该如何处理？中国传统文化如何实现创造性转化与创新性发展？在市场经济条件下文化建设是只应该适应市场需要呢，还是同时要具有规范和调节市场主体作用，防止资本的逐利本性对道德对思想对政治产生负面效应？文化理论问题研究越深入，对文化自信问题的重要性和现实意义的理解就会越深透，就会从政治问题进入到理论问题来思考。一个现实的政治问题只有被理论所把握，并且能从理论上给予令人信服的说明，才能真正进入广大干部头脑并为群众所理解。

　　文化自信更基础。文化包含着价值观与理想和信仰，它是一个民族的精神和品格，也是民族成员的素质提高和道德修养之泉。作为精神家园，它仿佛是巨大建筑物的地基和承重墙。没有地基和承重墙的建筑物是经不起任何震动和冲撞的。没有文化支撑的民族，经不起强敌入侵和政治上的狂风巨浪。在当代中国，无论是道路的选择、理论的创新和制度的构建，如果不注重文化建设，精神田园杂草丛生，就如同要建设高楼而不夯实地基一样。

　　文化自信更广泛。文化的主体是人，我们所有的人都是在一定的文化环境中成长起来的。文化自信问题不仅仅属于文化人，属于知识分子，属于文化工作者，而且属于全体人民，属于各个不同领域和不同职业，属于中华民族的全体成员。在社会构成的各种要素中，文化的影响最为广泛，如同空气，无所不在，无处不在，无人不在。只有建立起全民族的文化自信，我们的道路选择、理论创新和制度构建，才能从文化心理和情感上得到最广泛最大程度的认同。

　　文化自信更深厚。文化有不同于经济和政治的特殊功能。文化当然是由经济和政治决定的，但它的反作用又会超越经济和政治的时空限制。在社会形态变化中，生产方式和政治制度会为新的生产方式和政治制度取代，而人类文化是一种继承和积累性发展。中国封建社会的土地所有制和君主制度不再存在，可中华民族世世代代创造的文化仍然作为文化传统在发生

马克思（1866年3月底）

作用。文化当然也是变化的，但一个民族的文化并不会因变化而没有传统、没有积累、没有继承。在社会结构各因素中，文化的作用是最为持久的。不仅持久而且深厚。中国文化博大精深，源远流长，既深且厚。它有长达数千年的持久性积累和发展，既有我们祖先创造的传统文化，又有近百年革命先烈创造的革命文化，还有新中国成立后在社会主义实践中创造的社会主义先进文化。它积淀着中华民族最深层的精神创造，代表着中华民族独特的精神标识，既代表过去、代表现在，又代表未来。

中国共产党是在中国文化持久而深厚积累基础上选择发展道路、进行理论创新和制度构建的。它不是浅土插花，而是在文化沃土中深根栽树，得到中国深厚文化之泉的持久的浇灌。时至今日，我们仍然学习我们的传统文化经典，尤其是儒学经典，从中汲取治国理政的经验，汲取大海般的哲学智慧。

二、文化自信视角的历史审视

文化和历史不可分。历史是文化之根，文化是历史之魂。历史是社会的整体性存在，是文化产生的土壤和活动舞台。因此要理解一个民族的文化，必须理解它的历史。不理解中国历史，就难以理解中国文化。习近平总书记说，"历史是一面镜子""坚定文化自信，离不开对中华民族历史的认知和运用"。

如果我们从文化与历史的关系中考察文化自信问题，我们会发现在中国历史的长河中，我们经历过高度的文化自信阶段、短期的文化自卑阶段和当代的文化自信重建阶段。这是个马鞍形的发展过程。文化自信问题上的马鞍形，与中国历史发展的马鞍形是不可分的。中国封建社会经历了从先秦到明中期的高度发达，随后逐渐落后于西方并成为半殖民地半封建社会，中国封建社会走向没落和解体，经过中国革命胜利后的浴火重生，中国踏上民族复兴的伟大征程。不以中国历史为背景，我们对文化自信的马鞍形及其当代意义的理解是抽象的、非历史的。

中国是文明古国，而且是世界性的文明古国。在长达几千年历史中，中国从来不缺乏文化自信。作为世界文明古国的中国，有着灿烂辉煌的文化。毛泽东在《中国革命和中国共产党》中指出："在中华民族的开化史上，有素称发达的农业和手工业，有许多伟大的思想家、科学家、发明家、政治家、军事家、文学家和艺术家，有丰富的文化典籍"。为什么有这种文化自信呢？因为自秦汉至明中期以前，中国是世界上经济最为发达、国势最为强盛的国家。在公元前后曾是与罗马帝国相对称的东方秦汉王朝；当世界经历罗马帝国的分裂，经历波斯大帝国的兴衰，经历奥斯曼帝国的灭亡，中国直到唐、明和清朝前半期，仍然是世界上经济总量最大，疆域辽阔，长期保持统一的泱泱大国。正因为有发达的农业经济的支撑，有强大的国力支撑，有统一的国家的保障，因而中国文化也最为发达，最为自信。

商周时代典籍，战国时的诸子百家，汉代雄风，盛唐气象，两宋文化之高度发展，成为世界文化史的辉煌篇章。秦始皇陵墓中发现的气势雄伟的兵马俑，汉墓中出土的马踏飞燕所显示的奋发向上、豪迈进取的精神，《清明上河图》所显示的宋代的发达的城市文明，以及古代中国穿越沙漠、扬帆远航的陆海丝绸之路，见证了中国人的高度自信。

第二阶段，文化自卑，文化自信处于低谷阶段。当西方进入资本主义社会，并开始向外扩张和殖民时期，经过长期发展并处于成熟和高峰期的中国封建社会，开始走向衰落和解体。昔日辉煌的东方大国变成了风雨飘摇朝不保夕的泥塑巨人。经历两次鸦片战争和中日甲午战争劫难的中国，一系列不平等条约像无数条捆住中国手脚的绳索、套在头上的枷锁和插在身上的吸血管，中华民族面临"亡国灭种，瓜分豆剖"的存亡危机。有人说，中国当时 GDP 直到康乾时代还是世界第一。这只有统计学意义。从社会形态发展来看，中国明末和清初，犹如百足之虫，看起来还是庞然大物，实际上已落后于西方。中国的 GDP 是由众多的劳动力生产的农业产品构成的，而西方虽然由于人口少，GDP 当时总量不如中国，可是它们已经开始进入工业时代，有先进的科学技术和军事力量。中华民族发生危机，国家发生危机，文化自信必然发生危机。这段时期，应该说是中国文化自卑阶段，也就是文化自信的低谷时期。

文化自信的低谷期与国家衰败是相联系的，它敲响了中国封建社会的丧钟，同时又唤醒了更多中国人。马克思在《中国革命和欧洲革命》一文中说："历史好像是首先要麻醉这个国家的人民，然后才能把他们从世代相传的愚昧状态中唤醒似的。"的确，中国近代遭受的耻辱和苦难，既摧毁了统治者和一些人心中盲目自大的天朝大国式的愚昧，又同时唤起了具有民族情怀的先进中国人椎心泣血、奔走呼号，开启了探索中国救亡图存之路。

路在何方，中华民族复兴应该走哪条路？当时学术界能想到的只有两条路，这就是陈序经在《中国文化的出路》中说的，一条是主张全盘接受西方文化的西化之路，一条是主张返回中国固有文化维持原有封建体制之路。至于所谓折中主义的"中体西用"本质上属于第二条路的改良和变形。实际上中国还有第三条路，这就是革命之路。孙中山领导的辛亥革命开启了这条道路，推翻了统治中国 2000 多年的封建帝制。但孙先生逝世过早，抱恨终天："革命尚未成功，同志仍须努力。"中国共产党人在马克思主义思想指导下继续开辟中国革命之路。中国共产党领导人民走的这条路，才真正是中华民族伟大复兴之路，也是重新树立文化自信之路。

我们当代正处在第三阶段，即实现中华民族伟大复兴阶段，也是文化自信的重建阶段。中国历史经过文化自信、文化自卑到当代文化自信的重建，仿佛是个马鞍形或者用哲学术语说是个螺旋形，但不是黑格尔的三段式，不是回到起点，不是向传统文化的复归。我们当代的文化自信，是在继承中华优秀传统文化和借鉴优秀的西方文化基础上，在马克思主义指导下重建的文化自信。这种文化自信的重建，是在新的时代、新的社会、新的基础上的重建，是与道路、理论、制度自信不可分割地结合在一起的重建，相互结合，又相互促进。不是往回走，而是往前进。

三、树立文化自信之路

在文化问题上，我们强调文化自信，也强调文化自觉。当年费孝通曾说过，"文化自觉是指生活在一定文化中的人对其文化有'自知之明'，即明白它的来历、形成过程、所具有的特色和它发展趋势，不带任何'文化回归'的意思，不是复归文化，同时也不主张'全盘西化'或'坚守传统'。自知之明是为了增强对文化转型的自主能力，取得适应新环境、新时代而进行文化选择时的自主地位"。费先生的论述极为精当。文化自觉是一种对文化的哲学反思。不建立在哲学反思上的文化自信，往往容易陷入盲目自大。

中国文化博大精深，源远流长，中国不愧为世界文明古国。包括儒家思想在内的中国传统文化中的优秀因素，对中华文明几千年的延续和发展，对形成和维护中国团结统一的政治局面，对形成和巩固中国多民族融合相处的大家庭，对形成和丰富中华民族精神，对激励中华民族儿女维护民族独立、反抗外来侵略，对推动中国社会的发展进步，都发挥了十分重要的作用。中国传统文化中包括众多学派，各有其贡献。中国的哲学思想尤为发达，中国可说是发育良好的早熟的哲学民族。只要我们读读《易经》、读读《道德经》、读读《庄子》、读读中国宋明理学、陆王心学及其继承者的著作，可以发现我们的祖先为我们留下了多么丰富的精彩纷呈的哲学思想瑰宝。

但是我们也必须承认，由于中国传统文化是以儒家学说为主体的文化，儒家学说道德论底色比较浓重。它主要是伦理之学、道德之学、成人之学。是培养有道德的人，培养圣人、贤人、君子。无论是治国理政还是为君为民，都有各自的道德规范。这是它的不世之功，也是至今仍然是我们重建道德和价值观的重要思想资源。但儒学也有它的不足之处。因为世界是包括自然、社会和人的辩证统一体。人是世界的主体，但不是世界的唯一存在。关于人的学说，道德是其中最重要的问题，但不是唯一的问题。道德修养是人的最重要修养，但人不仅仅是道德存在物。离开对自然本质的认识，对社会本质的认识，对人的认识往往陷于抽象。道德教化注重的是人的心性修养，而不是注重把世界改造成为一个适合人优良道德生成的社会。历史证明，如果只强调对人的道德教化而不注重改造社会，不注重合理社会的构建，单纯道德教化的作用是有限的，而且往往流于空疏和说教。

中国传统文化中的"天人合一"思想具有最高的智慧。但在儒学范围内，"天人合一"的本义并非研究自然的客观规律，而是一种最高的道德境界。其中可发酵的智慧被包裹在天人境界的道德追求之中，并没有得到具有科学性的阐述。我们当代对传统"天人合一"扩展式的解读，是按照马克思主义关于人与自然、人与社会、人与人的关系，其中也包括对当代西方生态学理论吸收后的重释，并非儒学中"天人合一"的道德境界的原意、本意。这种重释是允许的、需要的，是传统文化与当代相适应的表现，也是马克思主义为中华传统文化增添新的科学元素的范例。

文化自觉，就是要认识到以儒学为主导的传统文化的精华之处，充分发挥它的长处，但也应该认识到儒家文化也有其短板。在儒家文化中，最有地位的人是有道德的人，最著名学者是经学家，最重要的学术成就是注经，最有威望的大儒是儒学道统的继承者，而不是科学家或发明家。至于技艺匠人更不可能占有一席之地。柳宗元的《梓人传》和《种树郭橐驼传》这样歌颂匠人之作，在儒家思想中是极为罕见的。

在西方，文艺复兴后，接着而起的是现代自然科学技术的大发展，现代社会理论和启蒙思想家群起。资本主义生产需要发展生产力，必然推动科学的发展和技术的发明；因为反对封建制度，为新兴的资产阶级革命做理论准备，必然会出现像卢梭、孟德斯鸠、伏尔泰这样的思想家，出现百科全书学派，出现亚当·斯密、李嘉图这样的经济学家。它们是适应现代资本主义的需要而产生。在历史上，中国古代科学技术走在世界前列，这是由发达的农业和发达的手工业推动的，而建立在以血缘关系为基础以宗法制度为纽带的儒学是适应封建社会需要的，它无法适应社会形态的急剧转变。

儒学在中国历史上长期处于主导地位，读经、科举、功名，成为士子们的毕生追求。在中国封建社会，儒学的长处可见其长，而短板不见其短，因为当时并没有这种要求，不足之处不会太凸显。可当西方资本主义兴起200多年并向外殖民扩张时，中国直到辛亥革命前的1910年仍然是封建社会，仍然是儒学主导，虽有西学的引入最多处于所谓"用"的地位。以这种重道德而缺少与现代自然科学和社会科学结伴而行的儒家文化，当然不能从思想理论上应对外来的侵略。以儒学为主导的中国传统文化的变革和发展，是中国社会的必然要求。如果我们没有这种文化自觉，仍然把复兴儒学作为中华民族伟大复兴的内核，而不注重在当代文化构成中树立马克思主义的指导地位、现代科学技术的创新和现代哲学社会科学的发展，就不能适应中国社会的新变化。五四新文化运动倡导科学和民主是一种进步，是对儒学走出社会困境和转化的一种推动，决不能因为纠正五四的某些片面性错误而向后转。

习近平总书记说："历史是一面镜子，从历史中，我们能够更好看清世界、参透生活、认识自己；历史也是一位智者，同历史对话，我们能够更好认识过去、把握当下、面向未来。"我以为总结中国历史和文化自信发展的马鞍形进程，可以提高我们的文化自觉和文化自信。

中国历史告诉我们一个真理，文化自信与国家的综合国力的强大，与国家的统一与民族团结是命运与共的。中国文化从传统到当代的发展，之所以一脉相连，从未中断，虽经曲折，没有像其他几个文明古国那样历经帝国灭亡、国家分裂、文化碎片化的命运，是因为中国通过民族文化融合，长期作为一个统一的、独立的而且强大的国家存在。近百年中国任列强凌辱，是政治制度和科学技术落后、军阀混战、国家分裂、国力衰弱的结果。因此，在当代中国，中华民族的伟大复兴和文化自信的重建，离不开中国共产党的领导，离不开马克思主义指导，离不开国家的统一和民族团结，离不开坚持中国特色社会主义道路、理论和制度。如果不推翻压在中国人民头上的三座大山，不获得民族独立和解放，如果没有社会主义的建立和改革开放后举世瞩目的成就，中华民族的复兴和文化自信的重建是不可能的。

鲁迅先生在《灯下漫笔》中说，他看到外国人在中国坐在圆的桃花心木的食品桌前，川流不息地献上山珍海味，在淡淡的中国情调的电灯罩下，谈论着中国的古董和字画，享用中国的文明给他安排的一切，沉痛地说，"所谓中国的文明者，其实不过是安排给阔人享用的人肉的筵席。所谓中国者，其实不过是安排这人肉筵席的厨房。不知道而赞颂者是可恕的，否则，此辈当得永远的诅咒"！鲁迅如此激愤，是激愤于中国当时国力的衰弱，中国的物质文明和艺术珍宝只能成为外人的饕餮大餐，而不能真正成为中华民族的宝贵财富。

费孝通说得很对，"文化特色的发扬，离不开强盛的国力。如果我们有理由认为，中华民族在新世纪中又将进入一个强盛时期。我们就应该意识到，生活在新世纪的中国人正面临一个充分发扬中华文化特色的历史机遇的到来。"这个重要机遇，就是世界经济全球化和反全球化浪潮中，中国道路越来越为世界所承认，中国的制度建设所显现的优越性打破了西方民主制的历史终结的神话。没有经济实力，没有国力，文化自信就会沦为空谈。

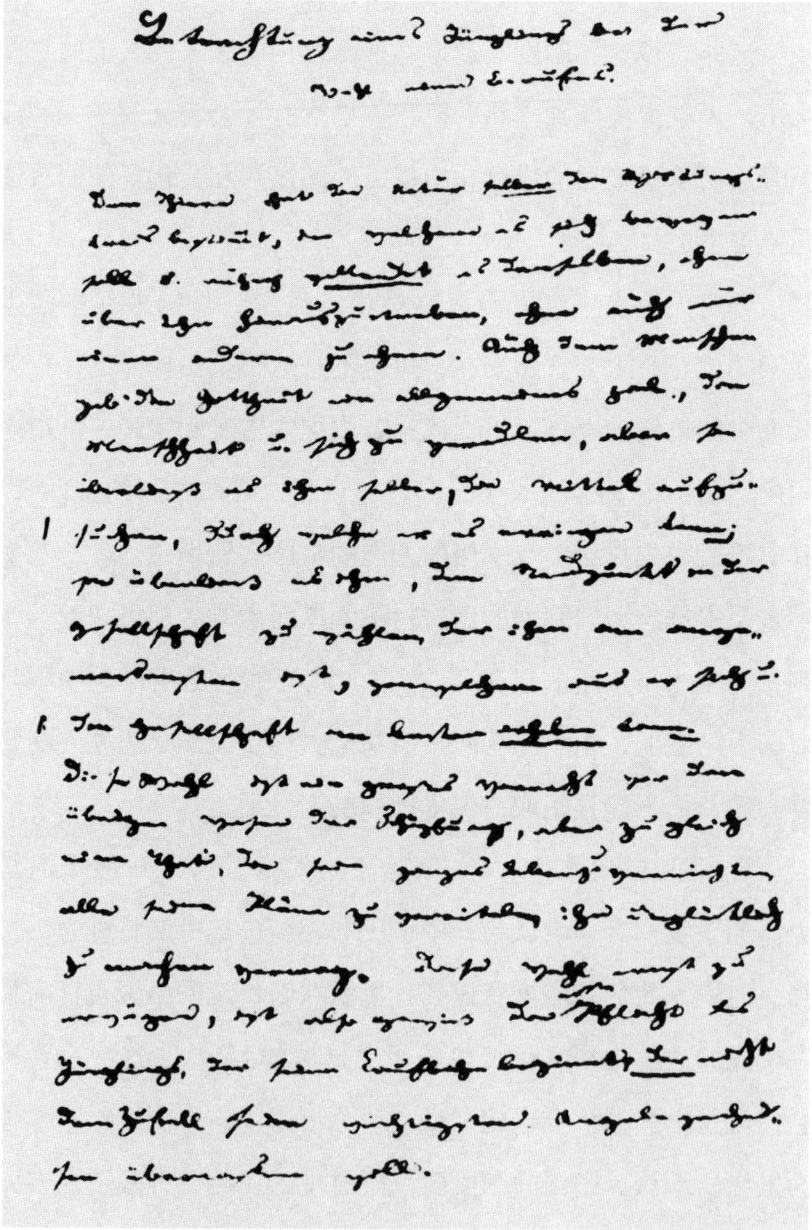

马克思 1835 年 8 月写的中学毕业作文《青年在选择职业时的考虑》的第一页

中国历史经验证明，要树立文化自信必须正确处理文化古今中外的关系。古今关系，不仅是传统文化与当代文化的线性关系，不仅要高度重视对中华民族优秀传统文化的继承和创造性转化与创新性发展，还要充分理解当代中国文化自信重建的丰富内涵。我们要高度重视中国传统经典的学习，要提倡学习中国儒家经典，但作为国家文化政策来说，不是要培养继承儒学道统的当代新儒者，而是要在吸收中国传统文化精华的基础上创新和发展中国文化，要有利于创新和发展马克思主义，并使在中国经典的研究和阐述中能注入马克思主义的新元素。当代中国，不是古代中国；当代中国社会，也不是古代社会。我们既应该培养精通中国各方面传统文化的学者专家，更应该发展当代的哲学社会科学学说，培养中国现代的马克思主义哲学家、现代经济学家、现代社会学家、现代法学家和各个行业中的现代高素质人才。儒学一枝独秀独尊的时代，已经成为历史，不应重复，也不可能重复。

中国历史经验证明，我们还要正确处理中外关系，即中华民族本土文化和外来文化的关系。中华民族自古就善于吸取外来文化。无论是张骞通西域或汉唐佛教的传入，对中华民族文化的发展都发生过重要作用。闭关锁国是不利于国家和文化的发展的。马克思在文章中把当时与外界隔绝的清王朝，形容为"小心保存在密闭棺材里的木乃伊""一接触新鲜空气便必然要解体"。

社会主义中国从不拒绝向西方学习。尤其是改革开放以来，中国出国留学生之多，是世界之最。真正害怕我们学习西方的是某些怀有政治偏见的西方人自己。他们最乐意的是向中国输出他们的价值观，输出他们的所谓民主和人权，最不愿意的是向中国输出他们的先进科学和技术发明。科学和技术封锁是他们对付其他国家的方法。我们的文化自信不是关起门来自信，而是以最宽阔的胸怀吸收世界先进文明，学习西方先进的科学技术和优秀文化，广纳世界各国之长，学习世界各国的优点是我们的对外开放题中应有之义。建设"一带一路"的倡议，就是要把它建设成和平之路、繁荣之路、开放之路、创新之路、文明之路。正如习近平总书记所说："文明在开放中发展，民族在融合中共存。"

事物是辩证的，理论也是如此。我们不仅要看到文化自信对道路自信、理论自信、制度自信的精神和文化的支撑作用，同样我们也要看到中国道路取得的成就，我们基本经济制度和政治制度优越性的凸显，对牢固树立文化自信的实际作用。因为这些举世瞩目的成就，正以实践成果证明文化自信的正确性和重要性，并进一步推动全国人民树立文化自信和文化自强的决心。

强调文化自信决不是盲目自大，文过饰非。我们清楚地认识到，中国道路仍然在不断总结经验中前进，中国特色社会主义理论仍在与时俱进，中国制度构建仍然在不断完善和法制化。党的十八大以来，以习近平同志为核心的党中央提出了一系列治国理政的新理念新思想新战略，坚持从严治党、铁拳反腐，大力推进民主、法治、人权建设。我们从不讳言，当代中国面临的社会矛盾十分复杂。当前的一些问题，有些是社会进步的代价，有些是由于法制不健全和道德教育滞后造成的，有些是改革开始时始料不及的。自我改革是社会主义运动史上的伟大事业，方向正确是最重要的。当然，正确的方向并不能保证每项措施、每次决策、每个步骤都完美无缺，无可批评。而以人民为中心，充分发挥社会主义民主，虚心倾听和接受人民群众的意见，是最有效的纠错机制。

"长风破浪会有时，直挂云帆济沧海。"在以习近平同志为核心的党中央领导下，坚持"四个自信"，尤其是文化自信，一定能越来越接近实现中华民族伟大复兴，实现中国梦。

第八章　论文化自信的底气

文化自信需要有底气。文化自信的底气和文化自信是一体两面。高度的文化自信，表明我们文化底气十足；而文化底气越足，越强化我们对文化自信的自觉性和坚定性。没有底气，文化自信是空谷回音的自我呼喊；而没有文化自信，文化底气是镜花水月似有实无。要强化文化自信，我们一定要弄清我们自信的底气何在。

与文化自信相连的自信底气问题，同样是当代中国具有的重大理论和现实性问题。它是经过近代 100 多年灾难后，中国人重建文化自信的理论与事实依据。深入研究中华文化自信的底气，应该重视优秀传统文化的丰富内涵和特质，但又要超越文化视域。因为文化自信的底气，既在传统文化之中，又在现实之中，它离不开当代中国社会。中国传统文化是文化底气之根，中国共产党和马克思主义是文化底气的中流砥柱，中国特色社会主义伟大成就是文化底气的基础，而正确的文化政策则是维护文化底气的制度化保证。只有把文化自信的底气放在当代中国整体环境中，尤其是放在道路自信、理论自信、制度自信和文化自信的辩证关系中，我们才能以新的精神状态在中国特色社会主义新的发展阶段，在全面建成社会主义现代化强国的关键时刻继续奋进。

一、文化自信底气来自中华文化的特质

中华传统文化是文化自信底气之根。我们的祖先为我们留下了丰富的文化遗产，包括物质文化和非物质文化。中华传统文化在发展的早期，各种思想学派精彩纷呈，多角度地体现中华智慧的全面性和丰富性。恩格斯说过："在希腊哲学的多种多样的形式中，几乎可以发现以后的所有观点的胚胎、萌芽。"这个论断同样适用于中国传统文化。中国历史上思想学派众多，各有持论，各有辉煌，虽有差异，但不是彼此隔绝。

《易传》云："圣人有以见天下之动，而观其会通。""天下同归而殊途，一致而百虑。"和而不同，海纳百川，中华传统文化是由各派思想从各种角度切入的关于宇宙人生、治国理政、立德树人相异相成的大智慧，取之不竭、常用常新。

以儒学为主导的中国传统文化的本质是人文文化，它最关注的是现世而非来世，是人间而非天堂——它是人的文化，而非神的文化。宗教的超越性和神圣性往往引导人们与现实相脱离，马克思是极力反对神性化的文化的，他说："废除作为人民的虚幻幸福的宗教，就是要求实现人民的现实幸福。要求抛弃关于人民处境的幻觉，就是要求抛弃那需要幻觉的处境"。中国历来不是政教合一、皇权与神权共治的国家。传统中国的治国理政，立德教民，是依据思想家的教导和智慧，而非神谕或上天启示。在中国，战国时期诸子百家和历代思想家的学说主要是现实的智慧，而无关来世。范仲淹的"居庙堂之高则忧其民，处江湖之远则忧其君"和张载的"为天地立心，为生民立命，为往圣继绝学，为万世开太平"体现的都是这种世俗精神、人世情怀。

中华传统文化的现实关怀，并非没有超越性和神圣性。中华传统文化把为国家为民族而勇于牺牲作为最高价值，其自身就包含超越性，即超越个人的利益，心中有"大我"而不是"小我"；具有神圣性，因为它怀有崇高的理想和信仰，杀身成仁，舍生取义，以身殉道、以身殉国，而不是临难图苟免，贪生怕死。中华民族没有发生过宗教战争，也没有宗教殉教者、没有对宗教战争杀戮者的赞美，有的则是对为国牺牲者的歌颂。屈原的《九歌·国殇》就是对战死沙场的勇士们的歌颂，"旌蔽日兮敌若云，矢交坠兮士争先""带长剑兮挟秦弓，首身离兮心不惩"。习近平总书记说过："中国人看待世界、看待社会、看待人生，有自己独特的价值体系。中国人独特而悠久的精神世界，让中国人具有很强的民族自信心，也培育了以爱国主义为核心的民族精神。"

中华文化是极具生命力和创造性的文化，一部中华文化史，同时是一部中华文化思想创造史。在历史上，历代都有杰出的思想家从不同方面对中华文化积累作出自己的贡献，如积土为山，汇河成海。在中华文化史上，不同时代各有特色和高峰，人才辈出，各领风骚。各个时代都有各自作出突出贡献的思想家和传世经典文本。至于楚辞、汉赋、唐诗、宋词、元曲、明清小说，都是代表自己时代性的文化珍品。中华文化的创造性和时代性特征，中华文化的生命力，是我们文化自信的底气。我们的文化博大精深，历经 5000 年发展从未中断，全赖这种创造力。一种没有创造力的文化，就是没有生命力的躯体。尤其处在发展迅速、风云变幻、竞争激烈的当代世界，一个国家仅仅拥有丰富的文化遗产而无创造性，不能创造出与时代相符合的当代文化，不会拥有足以自信的文化底气。文化遗产是历史，它代表先人的创造和智慧。一个民族的文化不仅要源远，还要流长；不仅要根深，还要叶茂；不仅要有传统性，还要有现代性。因为传统文化遗产能否保存，能否发挥它泽被子孙后世的作用，不能只依靠祖先的荫应，而应该是后世子孙的继承、发展和创造。历史证明，民族文化遗产无论怎样丰富，后代都不可能坐享其成。这是北非、西亚曾经辉煌的文明古国的当代命运告诉我们的真理。文化自信的底气不仅来自传统的辉煌，而且更有赖于现实的灿烂。

中华传统文化世俗性和家国情怀的继续发扬与升华，以及它的创造性和生命力，在当代体现为红色文化和社会主义先进文化。红色文化承载着多少代共产党人和革命者的心血，无论是昂首阔步带镣长街行，或是被暗暗处决，或者是战死沙场，都是在为理想和信仰而牺牲。这种为国家为民族为人民而牺牲的理想和信仰，是神圣的和超越自我的。红色文化是用奋斗和鲜血书写成的有字的和无字的文化。有字的，是先烈们的著作和充满理想和激情的牢狱书信。像《革命烈士诗抄》和方志敏《可爱的中国》中那些令天地变色、世人泪奔的临刑高歌的绝命诗；无字的，是革命人民和共产党人前仆后继战斗中所包含的奋斗精神。习近平总书记非常重视红色文化。他多次指出，"中国革命历史是最好的营养剂""历史是最好的教科书"，强调要把红色资源利用好、把红色传统发扬好、把红色基因传承好。而以社会主义核心价值观为主导的社会主义先进文化，是以人民利益为中心的文化，是为了人民过上最美好生活的文化。可以这样说，当代中国文化自信的底气，既来自我们传统文化博大精深的丰富性与和而不同的包容性和创造精神，也来自体现自强不息民族精神的红色文化的革命性、社会主义文化的先进性和导向性。在当代，如果不重视红色文化和社会主义先进文化作为中华文化重要构成这一现实，就很难全面理解当代中华文化的底气由何而来。

二、中国共产党和马克思主义是自信底气的中流砥柱

在当代中国，研究文化底气问题，绝不能无视中国共产党作为中国革命和社会主义建设的领导核心地位。中国共产党是中国工人阶级的先锋队，它在中国处于三座大山压迫下时，肩负起推翻旧中国、建立新中国的历史使命，其中就为文化重建和复兴提供了可能性；在新中国成立后，它肩负起全面建设新中国的历史使命。中国共产党不仅发展经济，强国富民，对国家的发展和人民的福祉负责，还要在实践中重建文化自信。毛泽东同志曾经预言："随着经济建设的高潮的到来，不可避免地将要出现一个文化建设的高潮。中国人被人认为不文明的时代已经过去了，我们将以一个具有高度文化的民族出现于世界。"党的十八大以来，习近平总书记提出实现中华民族伟大复兴的中国梦，并在"7·26"重要讲话中强调"在新的时代

条件下，我们要进行伟大斗争、建设伟大工程、推进伟大事业、实现伟大梦想"。实现"四个伟大"同样要求实现中华文化的复兴。

近百年的苦难历史证明，如果没有中国共产党，就不可能有重振中华民族和中华文化的有组织的政治力量；没有中国共产党领导的革命，就不可能有新中国，就不可能找到重新树立文化自信的道路。如果中国仍然保持旧的社会和旧的制度，中国就不可能是现在的中国，就不可能有现在的文化自信的底气。在研究文化自信底气问题时，绝不能无视中国共产党不仅是中国革命的领导者，而且是文化建设的领导者，是文化自信底气的中流砥柱这一现实。

社会上曾经刮起小股"民国风"，认为民国时期的文化名人代表了中华民族的文化自信和文化底气。这是一叶障目而不见泰山。从辛亥革命推翻帝制到中华人民共和国成立近40年，是中国由乱到治、由弱到强的社会大变革的过渡时期，是一个混乱而又向前迈进的时期。民国时期总体上经济落后、政治专制、教育落后，文盲遍于国中，但由于社会处于转折时期，在文化上出现过一些名人。但在一个落后的中国，极少数文化名人或曰文化精英，并不能代表当时中国具有文化自信和文化底气。文化自信的本质是民族自信，是整体民族的精神状态。我们敬重其中一些人对中华文化的贡献，但仅凭旧社会极少数文化精英，而无视中国共产党领导的革命胜利和国家重建、社会重建、文化重建，就不可能懂得当代中华文化自信的底气究竟从何而来。中国共产党是中国革命的中流砥柱，也是中华文化复兴的中流砥柱。在当代中国，党政军民学、东西南北中，党是领导一切的，是总揽全局、协调各方的最高的政治力量。削弱或否定中国共产党的领导，中

马克思（1875 年）

华民族会再度丧失文化自信的底气。办好中国的事情，关键在党。正因为这样，党的十八大以来，我们党高度重视党建，从严治党，惩治腐败，务必不辜负全国人民对党的信任和期待。

与中国共产党不可分的就是马克思主义在意识形态领域的指导地位。马克思主义的指导地位，究竟是有利于创新性发展中华传统文化，还是阻碍中华传统文化的发展？在有些人看来，马克思主义是西方学说，是异质文化，在中国，马克思主义与中华传统文化的"文化冲突"不可避免，它是近代中华

文化传统断裂的根本原因。其实，就文化而言，马克思主义的传入，提供了用科学态度审视中华传统文化，辨别精华与糟粕，正确处理继承与创新、传统与现代化的科学态度，有力反对文化虚无主义、反对全盘西化主义和复古守旧的保守主义，从理论上阐述了中华传统文化的精神特质和可继承性。毛泽东同志曾提出："从孔夫子到孙中山，我们应当给以总结，承继这一份珍贵的遗产。""我们信奉马克思主义是正确的思想方法，这并不意味着我们忽视中国文化遗产。"党的十八大以来，习近平总书记对如何对待中华传统文化作过一系列重要论述。事实证明，马克思主义不是贬低中华传统文化，而是提升中华传统文化在世界文化中的地位，是中华文化沿着正确方向发展的导向和推进器。

只要不怀政治偏见的人都可以看到，如果从中国文化生态中排除马克思主义，中国传统文化的创造性转化和创新性发展就不可能。如果仍然是对历史上传统的解释理论和研究方法亦步亦趋，就不可能别开生面，讲出新道理、新思想、新体系，形成中华传统文化研究的新高峰。如果排除马克思主义在意识形态领域的指导地位，当代中国将呈现出这样一幅文化图景——占统治地位的仍然是帝国主义文化、封建主义文化，或保守的国粹主义和西化主义相结合的非骡非马的杂拌文化，而不可能是以马克思主义为指导，以中华优秀传统文化为根，并充分吸收西方优秀文化的具有中国特色的社会主义先进文化。

如果这样，中国的文化将会倒退一百年。

尤其重要的是，马克思主义在中国的传播，当它被中国化成为毛泽东思想，成为中国特色社会主义理论时，就不再是所谓"异域文化"，而是当代中国文化最重要的内容。中国化的马克思主义，不仅内容是与中国实际、与中国历史和文化的结合，而且就语言风格和气魄而言都具有中国文化的特色。我们只要读读毛泽东同志的《实践论》《矛盾论》《关于正确处理人民内部矛盾的问题》，读读习近平总书记系列重要讲话中的引经据典所显示的中国风格，就能明白它既是马克思主义的，又是中国的。因此，马克思主义的指导作用、马克思主义的中国化，不是外在于中国文化之外的异质文化，而是中国当代文化的内在灵魂和指导思想，是中国传统文化永葆青春和活力的思想支撑。没有马克思主义与中华文化的结合，在近代西方殖民文化和帝国主义文化的强势攻击下，中华文化很难有文化自信的底气。

在研究中国文化自信底气时，我们不能忘记构建中国特色哲学社会科学的重要性，要充分认识到繁荣和发展中国特色哲学社会科学，对增强中华文化自信底气有着无可替代的作用。没有现代理论支撑和对中华传统文化阐述的参与，对中国传统文化精髓的理解往往不易到位，不易得到具有时代性和科学性的阐述。中国传统文化讲仁爱、重民本、守诚信、崇正义、尚和合、求大同等许多价值观念，要使其与现时代相适应，获得新生命力，必须有相关的哲学社会科学学科深入阐述它的内容并充分展开有理有据合乎逻辑的理论论证，而不是停留在高度浓缩的格言式的命题上。

我们既要充分发挥哲学社会科学对中华传统文化的科学阐述作用，又要充分发挥中华传统文化在构建中国特色哲学社会科学的思想资源和启迪作用。这两者是不可分割的。不能因为维护中华传统文化的人文特质，而拒绝与当代中国哲学社会科学的联姻，拒绝承认中国传统人文文化中可以提供包含科学性的智慧。中华传统文化博大精深，其中包含极其丰富的符合自然规律和社会规律的内容。不能认为一提中华传统文化内涵的科学性问题，似乎就是否定中华文化的人文本质。这种科学性与人文性绝对对立的看法是偏颇的。把中华文化的人文性紧锁在"袖手论道""空谈心性"范围内，是对中华传统文化精髓的误读。

中国特色哲学社会科学的构建，不仅要立足中国实际，面对当代中国问题，而且应该充分利用中华传统文化的思想资源和历史上的实践经验。无论是马克思主义哲学、马克思主义经济学、马克思主义法学、马克思主义史学理论、马克思主义政治学或社会学、管理学、人口学，都可以从中国传统文化中吸取智慧和启发。中国哲学中包含丰富的唯物主义和辩证法思想以及关于人和人性的探索；中国经济史和经济学说思想史、中国法制史和司法实践史、中国政治制度史和历代治国理政学说，以及著名思想家著作中与上述学科的相关论述和历史上的实践经验，都可以通过批判地总结、吸收和改造，成为构建中国特色哲学社会科学的思想资源。构建当代中国特色哲学社会科学，如果割断它与中华传统文化的关系，只能永远当西方相应学科的理论和话语的搬运工，具有中国特色的本土化的哲学社会科学就难以建立。

马克思、恩格斯和马克思的三个女儿燕妮、劳拉和爱琳娜（1864 年 5 月）

以马克思主义为指导，是中国哲学社会科学区别于西方哲学社会科学的本质特征。以马克思主义为指导，从世界观和方法论来说，就是坚持辩证唯物主义和历史唯物主义。哲学基本问题和唯物主义与唯心主义的区分，是有关世界本体和认识来源及标准问题，而不是到处可贴的标签。从来没有一个马克思主义哲学家把它作为文化划分的标准，说某个民族文化是唯心主义的文化，某个民族文化是唯物主义的文化。

历史上哲学家的历史地位和对文化的贡献，不是简单由唯物主义和唯心主义区分来定位的，而决定于它的体系中包含的哲学智慧。列宁曾经说过："聪明的唯心主义比愚蠢的唯物主义更接近于聪明的唯物主义。"掩埋在泥土中的珍珠仍然是珍珠。唯心主义辩证法大师黑格尔就比旧唯物主义尤其是比庸俗唯物主义对人类思想贡献大得多。正如同旧唯物主义尤其是庸俗唯物主义的错误，并不在于它是唯物主义，而在于它在唯物主义名义下包裹着的哲学缺点和错误。"朱子学"和"王学"都是具有国际性影响的学说。在当代中国，程朱理学和陆王心学对人作为人的道德教化和修身养性，提供了一种具有中国特色的"修养论"和"工夫论"，有助于人的主体性确立和道德素质的优化。这是继承儒家哲学重视"成人之学"，培养理想人格的哲学的一贯传统，而"致良知"和"知行合一"又是新的发展。但我们不能把程朱理学或陆王心学的命题无限地外推，把它从道德和人格的"修养论"和"工夫论"变为"宇

宙论"和"认识论"，把"理一元论"和"心一元论"置于
马克思主义的辩证唯物主义之上。

三、中国特色社会主义理论和实践的成就
　　是文化自信底气的基础

在当代中国，中国特色社会主义道路自信、理论自信、制
度自信、文化自信是相互依存和相互促进的。我们要在它们的
相互关系中研究文化自信的底气。文化自信是最持久和最深厚
的自信，它起精神支撑作用，贯穿于道路、理论和制度的自信
之中。但我们也应该看到，中国特色社会主义道路、理论和制
度取得的成就，使中华民族迎来了从站起来、富起来到强起来
的历史性飞跃，极大地增强了文化自信的底气。

新中国成立以来，特别是改革开放以来，我们在坚持中国
特色社会主义道路、理论和制度中取得的成就，无比增强了我
们文化自信的底气。习近平总书记说："当今世界，要说哪个
政党、哪个国家、哪个民族能够自信的话，那中国共产党、中
华人民共和国、中华民族是最有理由自信的。"的确，中国道
路、中国理论、中国制度的伟大成就，无比增强中国人文化自
信的底气。一个处于半殖民地半封建社会的中华文化，与一个
成为世界第二大经济实体、和平发展中的中华文化相比；一个
经济落后不断挨打，处于世界边缘时期的中华文化，和日益走

向世界政治舞台中心的中华文化相比，哪个更具文化自信的底气，这是不言而喻的。国家的强大、民族的复兴，是文化底气的经济、政治支撑。可以断言，随着2020年全面小康社会的建成和"两个一百年"奋斗目标的实现，中华文化自信的底气会不断提升。

当年，德国学者斯宾格勒在《西方的没落》中，为什么对文化抱着一种悲观主义态度呢？因为西方文化的没落，其实是西方资本主义制度开始没落的映射。资本主义制度在几百年的发展史中，对人类作出了重大贡献，但它逐渐走过了辉煌鼎盛时期。斯宾格勒的文化悲观主义其实是西方社会的资本主义制度开始走向没落的一种预言。文化的活力不可能离开社会经济和政治制度的支撑。中华文化自信的底气，正在于中国道路向世界贡献的现代化的新方案、新式的人民当家作主的民主制度以及不同于西方"普世价值论""历史终结论"和"文明冲突论"的社会发展理论。

当然，中国特色社会主义道路正在往前走，还需要不断总结经验；中国特色社会主义理论体系，要永远保持与时俱进的品质；中国特色社会主义制度需要在实践中不断完善；我们还存在不少社会问题需要解决，需要不断深化改革。中国特色社会主义已经进入新的发展阶段，迈上全面建设社会主义现代化国家的新征程。随着中国特色社会主义建设不断取得新成就，我们文化自信的底气将会进一步提升。

四、文化政策是增强文化自信底气的制度化保证

无论是经济建设还是政治建设，都需要正确的路线和政策。文化建设也是一样。文化建设正反两方面经验教训，使我们对制定正确文化政策的紧迫性和重要性有深切的体会。因为执政党如何对待传统文化，实行什么样的文化政策，对于能否正确处理文化自信中的传统与现代关系至关重要。

从理论上来说，无产阶级对待民族文化传统与资产阶级相比更具科学态度、更具宽阔的眼界和胸怀。当年资产阶级革命的启蒙主义先驱，在继承和吸收古希腊罗马的人文主义方面发挥了重要作用。但随着资产阶级革命的胜利，资产阶级上升为统治阶级，他们最感兴趣的不再是文化传统，而是证券交易所和利润，是对职位与收入的担忧和极其卑鄙的向上爬的思想。恩格斯在历数资产阶级对待传统文化的不屑态度后说："德国的工人运动是德国古典哲学的继承者。"

当无产阶级还处于被统治地位时，继承民族文化传统只能是一种理论，而不可能是一种现实的政策。中国共产党从自身经验中认识到，传承和发展自己民族的优秀传统文化，不能只停留在理论上，必须变成一项具有理论性和约束性的国家政策，由全党和全社会各相关机构共同实行。中共中央办公厅、国务院办公厅印发的《关于实施中华优秀传统文化传承发展

工程的意见》（以下简称《意见》），就表明我们国家对中华传统文化传承和发展重要性与迫切性的认识提到一个新的高度。《意见》对实施中华优秀传统文化传承发展的重要意义、基本原则、总体目标、保障措施以及如何把优秀传统文化融入整个国民教育体系、如何保护传承文化遗产等，都有明确而具有指导意义的规定。中国共产党把中华优秀传统文化的传承和保护，以及使之成为国民教育的组成部分，提升到国家文化战略层面，并作为一项各级党委政府和相关机构的责任，提高了全国人民传承发展传统文化的自觉性。坚决执行这一政策，有助于提高文化自信的底气。

中华文化的丰富性及其创造性发展，是中华文化发展上的客观现实。文化自信和文化底气问题是对中华文化的历史唯物主义分析。这是一种超越纯文化的角度，对当代文化自信和底气问题置于社会的总体性分析。这种分析方法比单纯就文化谈文化自信，更会令人信服地认识到，中国共产党的领导和以马克思主义为指导、中国特色社会主义制度的建立和改革，对文化自信底气的增强具有重大的价值和意义。

第九章　文化自信的本质与当代意义

　　有个学生问我：什么是文化自信，文化自信的主体是谁，信什么？我参观故宫看到的是琳琅满目的珍藏国宝，无非是展品；参观长城，巍峨雄伟，气势逼人，无非是旅游景点；参观国家图书馆，诸子百家，各种类书汗牛充栋，无非是藏书，放在书店就是文化商品，在课堂里就是课本。凡此种种与文化自信有什么关系？他深感困惑。

　　习近平总书记在党的十九大报告中提出要"引导人们树立正确的历史观、

民族观、国家观、文化观"。这为我们从理论上阐明文化自信提供了重要指导。文化自信是对中华文化的历史起源、发展、精神特质和精髓的总体性判断，是秉持对中华文化的科学、礼敬、继承、创造性推进的基本立场和态度。只有坚持历史唯物主义文化观、立足于国家和民族的前途与命运高度才能理解文化自信问题，否则我们看到的只是文化的物质载体或各种文化具体的物化形态，彼此分离，一枝一叶，无法把握中国文化的内在总体精神和文化自信问题的当代价值。"不谋全局者，不足谋一域。"在文化自信的理解上也是这样。

一、文化自信：新时代的大问题

文化问题的研究具有时代性。不同时代提出什么样的文化问题是时代的反映。文化问题的研究，随着社会时代不同会提出不同的问题，而不同问题显出不同的时代特征。

如果说，斯宾格勒的《西方的没落》，反映的是对西方资本主义社会发展前途的失望，而亨廷顿的《文明冲突论》则是西方把由于向外扩张引发的矛盾转变为以文明冲突作辩护的政治需要；西方马克思主义和西方"新左派"对文化问题的研究，是由于无力为解决资本主义问题找到出路，聚焦于对西方资本主义发达工业社会的文化批判。在当代，文化成为一个世界热点问题是与资本主义工业化、城市化所引发的精神失衡相联系，与道德失范、审美价值失落、信仰缺失相关。总之，人们的精神处于一种饥渴状态，对人文精神的追求大大促进了文化的研究。在世界范围内，文化问题研究属于文化学范围，是文化学者们的任务。

西方不存在特别突出的文化自信问题。几百年来，西方一些发达资本主义国家处于强势地位，向外输出所谓西方文明，对它们来说，主要是存在文化自大和文化霸权。西方文明优越论和以救世主的姿态向外输出西方文明与文化殖民，是西方资本主义世界几百年中处于主导地位的文化观。虽然近些年也有学者写过关于西方文化衰落的著作，如美国学者阿瑟·赫尔曼的《文明衰落论——西方文化悲观主义的形成》，但只是对历史上几位哲学家关于西方文化衰落的叙述，跟文化自信问题没有特别直接的关联。

文化自信问题在当代中国之所以成为一个问题，既是基于近代先进的中国人在民族苦难和奋斗中民族自强和文化自觉的展示，又是当代中国面临的中华民族伟大复兴对文化自信和文化自觉的迫切需要；既是对全体中国人树立文化自强自信心的鼓舞，又是对当代一切否定中华民族文化的回击，包括100多年由于受侵略受压迫造成的某些人中残存的民族自卑情结的解扣。现在国内国外、网上网下都有些言论，贬低中华文化，否定中华民族的历史贡献，否定近代以来中国人民的奋斗史、歪曲中国共产党的历史、中华人民共和国历史，歪曲改革开放历史，对中国人民和中华民族的优秀文化和光荣历史，要加大正面宣传力度，增强做中国人的骨气。习近平总书记强调："坚定文化自信，是事关国运兴衰、事关文化安全、事关民族精神独立性的大问题"。"大问题"这个提法是对文化自信问题在中国特色社会主义建设中所处重要地位的重大判断。

"四个自信"是习近平新时代中国特色社会主义思想的重要组成部分，是以习近平同志为核心的党中央擘画未来，绘制蓝图，为中国实现社会主义现代化强国，实现中华民族伟大复兴而奋斗的理论和精神支柱。尤其是其中的文化自信，由于文化的特殊本质和功能，发挥着更基础、更广泛、更深厚的作用，因而对道路自信、理论自信和制度自信具有文化和精神支撑作用，与坚持中国特色社会主义道路、理论、制度具有不可分割的内在联系，构成习近平新时代中国特色社会主义思想的重要组成部分。正如习近平总书记指出的："增强文化自觉和文化自信，是坚定道路自信、理论自信、制度自信的题中应有之义。"

坚定文化自信，就是坚定民族的自尊、自强。中国现在已经不再像旧中国那样在世界政治舞台缺位，或扮演敬陪末座没有发言权的小媳妇角色，而是带着中国特色社会主义建设的伟大成就，带着构建人类命运共同体的主张，带着解决世界面临的问题的中国方案、建议和话语，自信地走向世界政治舞台的中心。离开党的十九大提出的主题，离开习近平新时代中国特色社会主义思想的总体构思，离开当代中国面对的意识形态领域中的斗争，我们就弄不清文化自信何以是大问题这一重大判断。

二、谁的自信：中国共产党和中华民族的自信

文化自信，当然不是文化的自我自信。文化并非主体，主体是人。在当代中国，文化自信的主体是中国共产党和中华民族。中国共产党是中国革命、社会主义建设、改革开放的领导者，也是中华优秀传统文化的继承者和创新者，是红色文化和社会主义先进文化的创建者。在当代中国，中国共产党代表社会主义先进文化的前进方向，离开中国共产党领导下的革命胜利，当然不可能有文化自信。

中国共产党是中国工人阶级的先锋队，同时是中国人民和中华民族的先锋队。中国共产党的自信是深深植根于我们民族的文化血脉之中的，是从人民的拥护和爱戴支持中吸取力量的。中国共产党的文化自信，同时是中华民族的自信和中国人民的自信。文化自信的主体，是中国共产党、中国人民和中华民族的统一。其中，由于以马克思主义为指导，中国共产党的成立是中国开天辟地的大事，它是汇集了中华民族优秀儿女的有理论、有组织、有纪律，站在时代前列、引导时代潮流的政治集团，因而成为中华民族和中国人民的领导核心，是文化自信的主体。要问文化自信是谁的自信，首先是中国共产党人的

159

自信。

当然，中国共产党的文化自信主体地位和中华民族作为文化自信主体地位是一致的。中国共产党人是中华民族的优秀儿女。没有中华民族的文化自信，就不可能孕育和培养中国共产党人的文化自信。文化具有地区性，不同地区有不同的地区文化；民族有民族文化，中国各个民族有自己的民族文化。地区文化，具有地区性，它的范围可以界定；各个民族文化具有鲜明的民族性，可以识别。但中华各民族有自己的共同的主体文化。中华民族文化不是各民族文化的叠加、总和，而是各民族文化长时期逐渐融合而成的占主导地位的文化，是既超越地区、超越民族又体现在地区文化和民族文化之中的中华各民族的共同的文化。因而中华民族共同文化也就是中华文化。习近平总书记指出："中华民族有着强大的文化创造力。每到重大历史关头，文化都能感国运之变化、立时代之潮头、发时代之先声，为亿万人民、为伟大祖国鼓与呼。"中国共产党的品格就代表了中华民族的不屈不挠、自强不息的民族品格。中国共产党人的文化自信就是凝聚并代表中华民族的文化自信。

文化自信不能离开国家。正确的文化观不能离开正确的国家观。国家对于共同文化的形成和认同至关重要。要形成和维护一个统一的中华民族文化，必然要有一个统一的而非分裂的国家。民族是文化的主体，而文化是民族的灵魂，中国各民族的生存和发展离不开统一而强大的国家保障。当一个国家被消灭或处于分裂时，它的文化发展也会中断。世界四大文明古国，只有中国文化没有中断，因为中国自古至今始终是中国。中国人是龙的传人。中国有过分裂，但统一是主导的。即使当时存在不同的民族政权，它仍然处于中国这个大的疆域之内，因而极容易统一，中华民族的文化保存和继承相对完好。历史证明，当国家分裂，文化发展的血脉会中断，何谈文化自信！

当代中国的文化自信，同时是中国人民的文化自信。或许有人说，这是空话。你看近百年来中国人是一盘散沙，是用革命烈士的血蘸馒头治病的愚民，是围观看杀头的看客。不错，鲁迅先生曾经深刻批评这种国民劣根性，但他不是把批评矛头指向人民，而是批判旧的社会和旧的制度。鲁迅没有失去对中国人和中华民族的自信。他说过："我们自古以来，就有埋头苦干的人，有拼命硬干的人，有为民请命的人，有舍身求法的人……这就是中国的脊梁"。强调，中国并没失掉民族自信力。近代中国人的一盘散沙是统治者的"治绩"。中国近代表现的国民劣根性并非中国人本质特性，而是朝廷腐败和社会腐败的"治绩"。

中国共产党坚持历史唯物主义，始终坚持马克思主义的人民群众观点。"我们中国人是有骨气的。"毛泽东说："自从中国人学会了马克思列宁主义以后，中国人在精神上就由被动转入主动。从这时起，近代世界历史上那种看不起中国人，看不起中国文化的时代应当完结了。伟大的胜利的中国人民解放战争和人民大革命，已经复兴了并正在复兴着伟大的中国人民的文化。这种中国人民的文化，就其精神方面来说，已经超过了整个资本主义的世界。"不依靠人民，不以人民为中心，所谓中国共产党人的文化自信，就会是一句空话。

文化自信当然包含人数众多的与人民同呼吸共命运的知识分子和文化人的自信。各个文化专业领域的专家、学者、非物质文化的创造者和传人都能从自己专业领域发现文化自信的历史根源和文化传统，也都能以自己的创造性贡献强化人民的文化自信。改革开放以来，尤其是党的十八大以来，中国学者和专家以一个拥有丰富文化传统和当代文化的文化自信大国学者参与世界的文化交流极为平常。可以预期，在世界文化学术论坛和文化交流中，中国学者会日渐增多。单面输入和接受的时代已经结束。中国学者广泛参与世界文化的交流，就是文化自信的一种表现。

当然，我们不能把文化自信问题只归结为文化人的自信。我们有些学者津津乐道民国时的学者如何如何，仿佛那时是中国文化的鼎盛时期，中国有着充分的文化自信。这是一种错误的历史观和文化观。毫无疑问，民国时期出现过一些有贡献的著名学者，中国人不会忘记他们的文化功绩和学术贡献。但是当时的中国，国势屡弱，文盲众多，是在国际上没有发言权的中国。如此中国，中国人的文化自信、中华民族的文化自信从何而来？仅仅靠少数文化名人，不可能撑起民族自信的大厦。

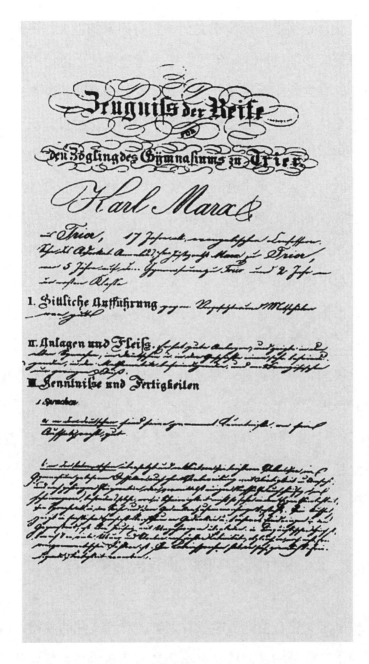

马克思的中学毕业证书

文化自信问题不仅属于文化，它与国家的强大、民族的独立不可分。在 20 世纪 30 年代，曾发生过中国文化的出路何在的争论，参加者主要是文化学者，无论是全盘西化论者还是中国文化本位主义者，都无法真正确立中国文化的自信。全盘西化论者固不用说，即使文化本土派也并未真正理解中华传统文化的精髓所在。在文化范围内争论中国文化出路和自信问题是不可能解决的。毛泽东在 1940 年撰写的《新民主主义论》，站在马克思主义文化观的高度，把文化问题与中国向何处去的问题，与中国出路联系在一起讨论。《新民主主义论》第一章开头提出的就是"中国向何处去"的问题，紧接着第二节的标题是"我们要建立一个新中国"。并且明确提出了中国文化的领导权和指导思想：这种文化"只能由无产阶级的文化思想即共产主义思想去领导，任何别的阶级的文化思想都是不能领导了的"。中国向何处去的问题不解决，中国不获得解放，不建立社会主义制度，是不可能实现中华民族文化伟大复兴、重新树立民族文化自信的。

三、信什么：中国文化特有的精神标识

要坚定文化自信，不能只看到物，看到文化的载体，而要理解中华文化的深层内涵。无论是文物还是典籍，都只是文化的载体，文化的主体是人，而灵魂是载体中的内在精神。如果

我们从故宫无数国宝的藏品中，从难以计数的中华优秀传统经典中，从万里长城和中国历朝种种巧夺天工的文物和建筑中，看不到其中蕴藏的中华民族的创造力，看不到其中蕴涵的中国精神、中国智慧、中国理念，当然无法理解为什么能从中获得树立文化自信的信心。因为文化自信，是对中国历史和无数经典中包含的丰富的哲学智慧和政治智慧、丰富的历史经验和治国理政理念，从如此多的巧夺天工的文物中，体悟到经典中包含的作为独特标识的中国精神、中国智慧、中国理念，从物质文化的创造物中发现中华民族的创造力和生命力。

中华文化丰富的内涵和精髓，可不是走马观花式地参观、旅游，漫不经心地阅读能把握的，需要正确的文化观和理解水平。在艺术品市场的拍卖中，我们从艺术品市场对一幅字画、一件青铜器、一件名贵窑瓷的天价中，惊讶地看到它的商业价值，但不意味着懂得它的文化价值，更何况有能力把这些被拍卖的艺术品与文化自信联系在一起。马克思说过，"贩卖矿物的商人只看到矿物的商业价值，而看不到矿物的美和特性"，"对于没有音乐感的耳朵来说，最美的音乐也毫无意义"。文化的本质和文化自信是建立在对中国文化载体中内在蕴藏的中国精神、中国智慧和中国理念的总体性理解基础上的。它体现在中国物质文化和非物质文化中，贯穿于中华优秀传统文化、红色文化和社会主义先进文化之中。

为什么毛泽东在《中国革命和中国共产党》这样一本论

述中国革命和中国共产党的书中要从中国历史开始，说"在中华民族的开化史上，有素称发达的农业和手工业，有许多伟大的思想家、科学家、发明家、政治家、军事家、文学家和艺术家，有丰富的文化典籍。在很早的时候，中国就有了指南针的发明。还在一千八百年前，已经发明了造纸法。在一千三百年前，已经发明了刻版印刷。在八百年前，更发明了活字印刷。火药的应用，也在欧洲人之前。所以，中国是世界文明发达最早的国家之一，中国已有了将近四千年的有文字可考的历史。"毛泽东如此充满信心地重述中国历史、中国的文明发展史和文化发展史，为对中华民族做出卓越贡献的人物而自豪，就是因为中国的历史，中国的文明史、文化史、发明创造史和历史杰出人物，体现的是中华民族自强不息的奋斗精神、巨大的创造力和丰富的智慧。我们的先人能做到的，我们中国共产党人一定能做到，一定会不辱先人，继承这种精神，完成中国革命大业并继续建设一个美好的新中国。

传统是非常重要的。从个人来说，从生到死有一定的时间段，人人如此。唯独传统和内在于传统的伟大精神、智慧与理念没有时间段，它超越时间。你看，孔孟老庄已经逝世两千多年，唐宋八大家，李（白）、杜（甫）、王（维）、白（居易）、苏（轼）、辛（弃疾）、陆（游）、姜（白石）这些著名诗人词人，也都逝世千年以上，至于许多国宝的年代难以确定，都是古董。可文化并不会因为年代久远而丧失它的价值。

其中承载的思想仍然在哺育一代代中国人，后人从阅读、诠释中理解其中蕴藏的精神、智慧和理念。流传至今的古代文物中保留的文化信息仍然存在，它的精美绝伦技艺和艺术精神仍然在向当代人传达我们祖先的智慧和创造力。现在不是在呼唤工匠精神吗，看看我们祖先制造的青铜器、四大名瓷，看看景泰蓝，看看种种光彩夺目、令人叹为观止的工艺制品，那才是真正的工匠精神。我想起了《庄子·知北游》中的"大马捶钩"的故事："大马之捶钩者，年八十矣，而不失豪芒"，一生"于物无视也，非钩无察也"。庄子别有寓意，但就捶钩技术来说，也算是一种"精于一"的工匠精神。农业时代的工艺也许过时，但这种一丝不苟精益求精的精神，对处于工业化或后工业化时代的我们，仍然具有榜样作用。

有些人指摘马克思主义哲学是机械唯物主义，认为它不承认精神、思想和理念的作用，这不是误解就是有意曲解。马克思主义的唯物主义是辩证唯物主义，它主张社会存在决定社会意识，但高度重视社会意识的能动作用。马克思的名言，"哲学把无产阶级当作自己的物质武器，同样，无产阶级也把哲学当作自己的精神武器"。你看，马克思承认精神是一种武器，承认思想的能量如电闪雷鸣。它一旦沁入人的心灵，就会发挥无比巨大的威力。在我看来，没有一种哲学比马克思主义哲学更重视人的主观能动性。不承认精神作用的"马克思主义"，是对马克思主义的嘲弄。中国古人都懂，"夫形者，生之舍也；气者，体之充也；神者，生之制也。一失位，则三者俱伤矣。""此三者，不可不慎守也"。

有人说，现在我们不是已经全盘西化了吗，还讲什么中国的文化自信？我们穿西装、吃西餐，我们乘坐的飞机、高铁，使用的手机、电话等等，不都是源自西方吗？各个民族的文明从来都是相互影响的。我们可以说"胡化"，我们许多蔬菜水果源自当时的西域；我们也可以说，日本、韩国和越南汉化、唐化；也可以说，现在的西方正在中国化，因为我们的日用产品，包括具备技术含量的高端产品不断出口到西方，到处可以看到"中国制造"甚至是"中国创造"。把文明的传播、相互引进借鉴和全盘西化混为一谈当然是错误的。全盘西化的本义不是指文明和文化的交流，而是指抛弃自己的民族文化传统和历史传统，企图变成另一个国家的翻版。这是不可能的。我们的改革开放让中国参与世界性交往，但中国仍然是中国，中国文化仍然是中国文化。

没有一个民族能完全抛弃自己的文化传统，因为文化融于血脉之中，成为民族的灵魂。我们的生活方式，我们的绘画，我们的文学艺术——总之，凡是中国人在灵魂深处都会有中国文化的胎记，中国人的创作不可能完全脱离中国传统的影响，都会在不同程度上保有我们文化的民族特色。当然，我们并不排斥西方文化，相反我们应该吸取西方优秀文化，但它不能改变中国文化的民族特色。毛泽东在与音乐工作者的谈话中用织帽子来比喻，说学外国织帽子的方法，要织中国的帽子。外国有用的东西，都要学到，用来改进和发扬中国的东西，创造中国独特的新东西。还说，应该越搞越中国化，而不是越搞越洋化。洋为中用，这是毛泽东的一贯主张。

文化自信当然包括对中国革命斗争中创造的红色文化的自信。红色文化和我们的实际生活，和实际斗争是紧紧结合在一起的。我们不是生活在古代中国，而是生活在现代中国。由于不存在时代的隔膜，它们用不着诠释、解读、争论、辨伪、考证，或各自立说，更容易为人民理解和接受。《红色家书》和《烈士诗抄》中一封封充满家国情怀的家书，一首首充满炽热革命激情的绝命诗，其中包含的杀身成仁、舍生取义、视死如归的精神，继承了中国传统文化中移孝作忠的爱国主义精神，更具有现实的教育意义。习近平总书记多次指出，"中国革命历史是最好的营养剂""历史是最好的教科书"，强调要把红色资源利用好、把红色传统发扬好、把红色基因传承好。习近平总书记赞扬红船精神是中国革命精神之源：中国共产党历史上形成优良的革命精神，无不与之有着直接的渊源关系。无论是井冈山精神、长征精神、延安精神、西柏坡精神，都是红船精神的继续发扬。红船精神的核心就是革命精神，是共产主义的理想和信仰。

文化自信是不能断流的。在社会主义条件下，文化自信当然要更重视对社会主义先进文化的自信。它是植根于优秀传统

马克思的博士证书

文化，直接继承"红船精神"开辟的革命文化，又是基于中国社会主义建设实践的新的文化。社会主义社会是人类社会发展的新形态，人类历史从来没有出现过的社会形态。如果说，社会主义社会是人类社会发展的规律，是预示着人类发展的总方向，那社会主义文化就是一种更具先进性的文化，具有人类文化发展方向的导向性的文化。社会主义先进文化正在建设中。体现社会主义先进文化精神和社会主义核心价值观的模范人物、道德榜样，就在我们生活中。

如果要问文化自信究竟信的是什么？可以肯定地回答：信的是中华优秀传统文化内含的中国精神、中国智慧和中国理念，信的是红色文化中的革命精神和共产主义理想和信念，信的是把国家、社会和个人提升到以社会主义核心价值观为主导的社会主义文化的先进性。

四、文化自信的使命：建立社会主义文化强国

中国历史上本来就是文化古国、文化大国、文化强国。近百年的苦难和列强侵略掠夺，使中国国弱民穷、科学落后、文盲遍地，文明古国成为文化弱国。中国人民解放战争的胜利使中国人民站起来了，经过60多年的社会主义建设和改革，中国迎来了富起来、强起来的新时代。

习近平总书记在党的十九大报告中强调要"不忘初心、

牢记使命"。习近平总书记掷地有声的誓言，代表中国共产党为中华民族伟大复兴而奋斗的决心，也代表了近百年来中国历史上为中华民族文化复兴而前仆后继、英勇牺牲的烈士的初心。中国共产党从来没有忘记自己的初心，没有忘记无数曾经为中华民族的复兴，为建立自由、民主、独立的强大中国而牺牲的烈士。矗立在天安门广场中心的人民英雄纪念碑上镌刻着的碑文，就是要子孙后代牢记为革命而牺牲的先烈的初心。

不忘初心，也是近百年来革命烈士头可断、血可流，永不动摇、奋斗到底的决心。我想起了秋瑾的咏梅诗："冰姿不怕雪霜侵，羞傍琼楼傍古岑。标格原因独立好，肯教富贵负初心?"秋瑾是为革命而牺牲的女中豪杰，她的初心就是推翻腐败的清政府，追求国家的自由和富强。秋瑾以自己在浙江绍兴轩亭口英勇就义，诠释了自己的不忘初心，也代表了一大批民主革命时期为中国革命牺牲的烈士的初心。

中国共产党不忘初心、牢记使命，实现中华民族伟大复兴，其中就包括中华民族文化的复兴，包括推动社会主义文化繁荣兴盛，建设文化大国、文化强国。没有文化的复兴，也就没有全面实现现代化，中华民族的复兴就会因缺乏精神和文化的支撑而后劲乏力。

推动社会主义文化繁荣兴盛，建设社会主义文化强国是一项非常困难而长期的任务。因为时代不同、条件不同、环境不同，发展面向现代化、面向世界、面向未来的，民族的科学的大众的社会主义文化，比毛泽东当年在《新民主主义论》中提出的文化建设任务更为艰巨。在一个国际交往频繁，各种文化碰撞和相互交融，思想多样、利益多样的当代中国，各个人文社会科学学科的构建，社会主义文学艺术的繁荣发展，用社会主义核心价值观培育全体人民尤其是青年一代，都需要长期坚持不懈。这个任务在一定意义上比其他建设更困难，因为它涉及的是人，而人的理想和信仰会遇到各种不同的价值观壁垒障碍。思想是个最微妙最难深入的领域，对有些人一定意义上可以说是个黑洞。这是个任何压力和强迫都无效的领域。文化领域是知识分子最为集中的领域。要讲究文化建设的领导方法，要贯彻党的知识分子政策和文化政策，要汲取过去的经验和教训，充分调动广大知识分子与文化工作者的积极性和爱国主义热情，使文化建设成为广大知识分子和文化工作者的一项自觉的任务。

文化建设不等同于意识形态建设，但其中确实存在意识形态问题。文化建设属于意识形态领域中的建设，不可能去意识形态化、去政治化、去中国化。文化建设，既要巩固马克思主义在意识形态领域的指导地位，坚持以马克思主义为指导，坚守中华文化立场，又需要立足当代现实，结合时代条件，创造出具有时代价值、反映人民愿望的高水平的文化产品。

文化的发展史犹如绵延的万里群山，其中有低谷有平原有高峰。文化名人和传世巨著的出现，并非累世能见。中国特色社会主义新时代应该创造条件以便培养更多的文化名人和出现更多的名篇巨著。只有群星灿烂、高峰迭起、蔚为壮观，才是一个拥有如此丰富文化遗产的中国应该有的文化大国文化强国的样子。建立一个文化繁荣兴盛的大国，其难度堪比建设一座精神的万里长城。

"长风破浪会有时，直挂云帆济沧海。"在推进社会主义文化繁荣兴盛、建设社会主义文化强国的过程中，一切有责任感、使命感的文化工作者，一定要不辜负我们的时代、不辜负我们的党、不辜负人民对我们的期待，以自己的作品推动文化自信走向更高层次。

第十章　雄踞人类思想高峰的马克思

每个历史时代都会产生符合时代需要、具有时代特色的杰出人物。恩格斯曾赞扬资产阶级革命时代是一个"需要巨人而且产生了巨人的时代"，并列举了其中最卓越的代表，指出他们共同的历史使命是"给资产阶级的现代统治打下基础"。无产阶级革命的时代也有自己的卓越人物。不同的是，这个时代的卓越人物是为无产阶级解放和人类解放打下基础。马克思是登上历史舞台的无产阶级的最伟大代表，他科学地揭示了人类社会形态更替的历史规律，揭示了无产阶级推翻资本主义旧世界、建立社会主义和共产主义新世界的历史使命。社会形态的更替是一个漫长的历史进程，马克思没能目睹这个历史的转变，但他的理论和活动标志着历史进入了无产阶级革命的时代。

一、革命家和思想家的完美结合

马克思既是伟大的社会革命家，又是伟大的社会科学家。这是马克思主义学说的共同缔造者、与他共同战斗四十余年的恩格斯在马克思墓前讲话中的结论性评价。

恩格斯说："马克思首先是一个革命家。"马克思是无产阶级革命的思想导师，是无产阶级革命的指引者、实践者。他和恩格斯把"正义者同盟"改造成为历史上第一个无产阶级政党"共产主义者同盟"，并为它制定了第一个科学纲领——《共产党宣言》。马克思支持 1848 年法国六月起义，参加 1848 年 3 月爆发的德国革命，支持法国无产阶级革命和他们建立的第一个无产阶级政权巴黎公社。他与恩格斯一道创立无产阶级第一个国际性组织"国际工人协会"，即第一国际。因为革命活动，马克思遭受普鲁士政府的迫害，比利时和法国政府的驱逐。尽管由于当时缺乏无产阶级革命夺取政权建立社会主义制度的历史条件，马克思终其一生并没有亲眼看到无产阶级革命牢固地夺取政权并建立社会主义国家，尽管马克思 19 世纪 50 年代退入书房，但并没有也从来没有想过要退出战斗。马克思不是"书斋里的学者"，不是"唯恐烧着自己手指的小心翼翼的庸人"。他终其一生都是伟大的无产阶级革命家。

当第一个无产阶级政权巴黎公社在经历 72 天的战斗后最终失败时，马克思就指出：巴黎公社的原则是永存的！这表明马克思对社会主义革命充满无限信心。马克思毕生关注被压迫民族的革命斗争和命运，他支持中国反对英法帝国主义以鸦片贸易为借口的侵略战争，谴责帝国主义对中国的无耻掠夺，对中国人民充满同情并对中华民族的觉醒寄予期待，预言"过不了多少年，我们就会亲眼看到世界上最古老的帝国的垂死挣扎，看到整个亚洲新纪元的曙光"。即使健康恶化的晚年，他仍然关心俄罗斯社会发展前景和俄国农村公社的命运问题，论述了关于落后国家跨越资本主义"卡夫丁峡谷"的多种可能性和条件。马克思晚年给维·伊·查苏利奇的三易其稿的复信就是确证。

关心并参与被压迫无产阶级的斗争，关心弱小民族反对外来侵略的斗争和反对本国统治者的斗争——这就是马克思作为革命家的光辉一生。马克思的一生是短暂的，只有 65 年，可他为之奋斗的伟大事业却延续至今。马克思的光辉一生为后世的革命者树立了崇高的榜样。

马克思既是伟大的革命家，又是伟大的思想家。历史上有许多著名的革命家，但他们并非伟大的思想家。也有过许多卓越的思想家，但他们并不是代表被压迫阶级的革命家。可以毫不夸张地说，只有在马克思身上，革命家和思想家才达到了历史上最完美的结合。革命性和科学性的统一，是马克思个人的品格特征，也是马克思主义学说的本质特征。

二、马克思主义理论的缔造者

恩格斯称马克思为"当代最伟大的思想家"。他说马克思的逝世，是"当代最伟大的思想家停止思想了"。恩格斯对马克思的逝世无比悲痛。他在致威·李卜克内西的信中说："我仍然不能想象，这个天才的头脑不再用他那强有力的思想来哺育两个半球的无产阶级运动了。我们之所以有今天，都应归功于他；现代运动当前所取得的一切成就，都应归功于他的理论的和实践的活动；没有他，我们至今还会在黑暗中徘徊。"

马克思最伟大的贡献不仅在于亲自参与了无产阶级革命，更在于他创立的伟大学说。马克思的理论创造比他短暂的政治活动具有更长久的影响。马克思是个像普罗米修斯一样的盗火者，他为在黑暗中摸索的无产阶级和被压迫民族指明了解放的方向。恩格斯在给马克思的信中曾经说过："目前首先需要我们做的，就是写出几部较大的著作，以便向许许多多非常愿意干但不能独立胜任的知识浅薄的人提供必要的依据。"马克思就是这种撬动旧世界的理论支点的创造者，这是对无产阶级解放事业彪炳千秋、永载史册的伟大贡献。

马克思的思想不仅属于无产阶级，也是全人类的文化遗产。因为马克思创立的学说中包含的对世界发展规律、对人类社会发展规律的认识，大大丰富了人类积累的智慧宝库，为人类知识增加了最具创造性的新内容。并且为人类对自然、社会、人类自身的认识提供了世界观和方法论指导，从而为人文社会科学的科学化奠定了思想理论基础，为人类认识和科学进步提供了新的推动力量。

历史为无产阶级和人类贡献了一位世纪天才马克思，马克思以后的人类历史又见证了马克思主义的曲折光辉历程，见证了马克思作为伟大思想家的远见卓识和求实睿智的科学精神。马克思是被反动统治者迫害、驱逐的德国流亡者，一生贫困多病，儿子夭折，连寄信的邮票钱都没有。可这一切都没有阻止他为创立无产阶级和人类解放的理论而进行研究和写作的革命激情。卷帙浩繁的《马克思恩格斯全集》就是明证。只活了65岁的马克思，为人类留下的思想财富如此丰富，这在人类历史上是少见的。我们纪念作为伟大革命导师的马克思，同时要纪念作为伟大思想家的马克思，牢记马克思是马克思主义学说的创立者。

当年与马克思恩格斯同时代的人创造的学说，不少已经成为历史陈迹。当代西方没有任何一个理论家能为解决西方资本主义矛盾提出一个有效的理论说明和解决方法。马克思并非高官政要，也非富可敌国的亿万富翁。就是这样一个穷困多病的人，逝世时惊动了整个欧洲，当时不少报刊发表社论和文章对他表示敬意，不少工人组织对他表示哀悼。在人类历史上为穷人说话表示哀怜的思想家并不少见，摇晃"穷人乞食袋"的各种社会主义流派也很多，但唯有马克思不是用怜悯，不是用眼泪，不是用抽象人道主义原则表示同情和抚慰，而是真正用科学理论揭示他们的处境并为他们指出解放的途径。马克思是用真理征服世界，用真理改造世界。只有真理的力量才是不可战胜的。

黑格尔说过："伟大的灵魂——哲学史上的英雄们的身体，他们在时间里的生活，诚然是一去不复返了，但他们的著作（他们的思想、原则）却并不随着他们而俱逝。"历史上不少著名思想家逝世了，但是其思想不会死，因为它通过文字对象化为著作，可以为后人所研究、吸收和借鉴。但我们需要特别强调的是，作为思想家的马克思对历史和现实产生的影响，和历史上一些著名思想家的不同之处在于他同时是一个革命家，是一个实践者。马克思的著作不只是藏于世界各个图书馆的典籍，不只是待人阅读和研究的经典。马克思永远是活着的马克思。英国学者特里·伊格尔顿说得对："与政治家、科学家、军人和宗教人士不同，很少有思想家能真正改变历史进程，而《共产党宣言》的作者恰恰在人类历史发展进程中发挥了决定性作用。历史上从未出现过建立在笛卡尔思想之上的政府，用柏拉图思想武装起来的游击队，或者以黑格尔的理论为指导的工会组织。马克思彻底改变了我们对人类历史的理解，这是连马克思主义最激烈的批评者也无法否认的事实。就连反社会主义思想家路德维希·冯·米塞斯也认为，社会主义是'有史以来影响最深远的社会改革运动；也是第一个不限于某个特定群体，而受到不分种族、国别、宗教和文明的所有人支持的思想潮流。'全世界马克思主义的信仰者之多，超过任何一种思想理论。最近英国共产党总书记罗伯特·格里菲思在回答记者提问时说，"无论是有组织的工人运动、知识分子运动，还是工会组织，甚至今天的工党，都深受马克思主义思想的指导和影响。可以说，马克思主义一直活跃在英国。"

当然，马克思主义是在斗争中发展的。马克思主义这样一种改变社会形态、改变世界政治格局的理论，必然触犯一切旧有统治者和有产者的利益。它的存在和发展，不可能无风无浪水波不惊。树欲静而风不止。一个半世纪以来反对马克思主义的思潮和学说从来没有停止过。在当代，我们应该特别注意那种把马克思主义与马克思对立起来的观点。有论者往往引用马克思说的"我只知道我自己不是马克思主义者"作为立论根据。其实，这是马克思对自称马克思主义者的法国工人党中的一些极左分子的批评。恩格斯在批评德国党内的一些大学生的幼稚行为时，也曾引用过马克思这句话，并且明确指出马克思这段话的真实意义是为了区分"龙种与跳蚤"。

马克思主义和马克思是不可分的。马克思是马克思主义的缔造者。没有缔造马克思主义的马克思，也许是个律师，大学教授，或者只不过是名不见经传的普通知识分子，而不是现在遍及亚非拉受到人们景仰的伟大革命家和思想家；同样，没有马克思，就不可能产生马克思主义的科学体系。马克思逝世多年后，恩格斯曾深情地说："马克思比我们一切人都站得高些，看得远些，观察得多些和快些。马克思是天才，我们至多是能手。没有马克思，我们的理论远不会是现在这个样子。所以，这个理论用他的名字命名是公正的。"

马克思主义作为科学体系是唯一的，不存在两种根本不同的马克思主义。马克思主义是发展的，但发展着的马克思主义仍然是马克思主义。在马克思逝世后，马克思主义中会出现不同流派，当代就存在各种名称的马克思主义。但历史和实践是思想理论的过滤器，它会不断把风靡一时但终究经不起实践检验的所谓"马克思主义"抛向被历史逐渐遗忘的角落，例如所谓宗教马克思主义、存在主义的马克思主义、弗洛伊德主义的马克思主义或现象学的马克思主义等。虽然遗声未绝，但没有多大影响力。我们并非对不同观点的马克思主义流派采取一概排斥的狭隘宗派主义态度。我们坚持马克思主义理论体系的科学性和纯洁性，但我们也会仔细倾听和分析不同的观点。例如西方马克思主义就是当代西方最为流行的一个学派。它们的理论视野和理论风格可能与我们不同。可我们并不把它视为异类。西方马克思主义并非统一的具有完全相同观点的学派，但其中不少学者由于生活在西方社会，他们对西方社会的问题和矛盾可以就近观察，有切身的体会，因此在他们的著作中会有些有价值的思想；但由于他们生活在资本主义处于主导地位的社会环境之中，由于历史和传统的影响，由于种种西方现代哲学思潮的激荡，更由于没有革命需要的推动，因此他们容易走向单纯文本的研究，走的是纯学术化、讲台化的道路。我们对西方马克思主义中的各个个人，对他们的观点和政治立场要采取具体分析的态度。既不是一概赞同，也不是简单拒绝。它山之石，可以攻玉。和而不同的原则对我们处理西方马克思主义同样适用。

我们反对把马克思以后的马克思主义与马克思的思想割裂开来，并不意味着我们认为马克思以后的所有自称的马克思主义者都是马克思思想真正的信仰者和实践者。其中确实存在龙种和跳蚤区别的问题。在当今世界的所谓马克思主义者中，有坚定的马克思主义者，但也会有自称的马克思主义者、更有打着马克思主义旗号的假马克思主义者。我们应该区分龙种和跳蚤，但这不能成为否定作为科学理论体系的马克思主义和马克思思想的不可分割的内在联系，不能成为以所谓回到真正的马克思的原典作为否定马克思以后全部马克思主义的根据。把马克思之后的全部马克思主义归为与马克思思想不同的另类，这实际是在马克思和马克思主义科学体系之间的断源截流，既否定了马克思思想的当代性，也否定了当代马克思主义存在的合理性与必要性。如果只有马克思的经典而没有马克思主义，就不可能指导革命运动和建立社会主义制度。马克思蕴藏在经典中的具有规律性思想必须成为"主义"，成为一门具有科学性、连贯性、系统性的科学学说才能发挥重大指导作用。毛泽东同志说过，"主义譬如一面旗子，旗子立起了，大家才有所指望，才知所趋赴"。如果没有由马克思经典中具有规律性观点构成的马克思主义的旗子作为指导，只是存在着卷帙浩繁的著作和手稿，世界社会主义革命和运动就不可能是现在这个样子。

如果马克思以后的马克思主义都不是真正的马克思主义，那么真正的马克思主义在哪里？据说存在于马克思著作的原典中。这种说法貌似有理，其实似是而非。马克思的著作和马克思主义科学理论不应该是简单的互证或互斥关系，并不是马克思著作中的每句话都能成为基本原理。马克思主义基本原理是马克思经典著作中反复论述的具有规律性的观点，而且经过并且经得起实践检验和证明的，况且马克思以后的马克思主义的创造性发展和实践创造，不是所有的都能够或都应该从马克思文本中找依据。毛泽东同志曾经批评过这种本本主义的研究方法。如果把衡量马克思主义的标准求之于马克思的文本而不是实践，一切求之于本本，很容易陷入把马克思著作中的片言只语，甚至马克思自己已经删除的，或者手稿中的某个角落中寻找出的一句话，作为反对马克思主义基本原理的根据。这是我们现在常见的一种把马克思和马克思主义割裂开来的做法。我一直不同意那种把手稿置于正式出版的著作之上，把一稿置于二稿之上，把二稿置于三稿之上，把已删除的置于正式文字之上，甚至把其中任何一个论述作为衡量马克思主义基本原理正确与否的标准。从思想史角度看，研究马克思的思想发展，研究马克思何以成为马克思主义缔造者的艰难探索历程，可以采用历史的比较研究法，但是研究马克思主义基本原理不能这样。因为马克思缔造的马克思主义基本原理，经历过自我信仰的清算，经历过和恩格斯的讨论与交换意见，经历过和对手的论战，是艰难探索的结果。

马克思的经典著作和马克思主义基本原理是共存共生和相互促进的关系。掌握马克思主义基本原理提供的观点和方法，可以指导我们更深入地学习马克思的经典著作，理解它的精神实质，区分规律性的论述和个别词句，而且结合实践通过反复学习阅读经典，可以有新的体会，有助于创造性地发展马克思主义；而认真学习经典著作，可以加深我们对马克思缔造的马克思主义基本原理的理解，理解马克思为什么提出这个原理，它的理论依据和事实依据是什么，从马克思著作对原理的论述中学会他们分析问题的立场、观点和方法，从而加强实际运用的能力。

Die heilige Familie,

oder

Kritik

der

kritischen Kritik.

Gegen Bruno Bauer & Consorten.

Von

Friedrich Engels und Karl Marx.

Frankfurt a. M.
Literarische Anstalt.
(J. Rütten.)
1 8 4 5.

马克思和恩格斯合著的《神圣家族》第一版的扉页

　　中国共产党最重视马克思主义经典著作学习。在延安时期，毛泽东同志就为干部指定过经典著作必读书目。在社会主义革命和建设时期曾经多次指定必读书目。这个传统一直延续至今。习近平同志非常重视马克思主义经典著作的学习。他在多次讲话中强调马克思主义经典著作学习的重要性，强调要通过经典著作学习，掌握马克思主义的立场观点方法。

　　我们重视马克思主义经典著作的研究，重视中国马克思学说的建立，重视对经典著作的历史研究和正确诠释，不是立足于寻找马克思和恩格斯、青年马克思和老年马克思、马克思主义与马克思之间的对立，在所谓空隙处、矛盾处做文章。任何一个熟悉人类思想史的人都能理解，马克思和恩格斯是两个人，都是有个性的伟大思想家，他们之间不可能不存在语言、风格的各自特点，存在学术上的分工，甚至某个观点的差异和探讨，关键在于他们基本观点上的一致性，才可能成为马克思主义学说的共同创造者；一个思想家的青年时代和老年时代的思想也不可能不存在变化，思想之路并非笔直的而是一个探索过程，关键在于是否存在一以贯之的思想内核和基本观点。一个真正伟大的思想家的思想发展历程是日渐成熟，而不是越来越倒退。思想倒退不可能真正成为伟大的思想家。至于马克思主义和马克思思想的关系更不是固守经典亦步亦趋的关系。马克思并不是马克思主义科学体系的完成者而是奠基者。马克思主义是一个开放的创造性体系，马克思主义不是终极真理，而是永远处于发展之中。马克思的经典著作不可能包括他逝世以后所有马克思主义的发展的内容，但发展着的马克思主义的思想源头是马克思的思想。正如列宁说的："沿着马克思的理论的道路前进，我们将愈来愈接近客观真理（但决不会穷尽它）；而沿着任何其他的道路前进，除了混乱和谬误之外，我们什么也得不到。"这正是我们要隆重纪念马克思诞辰 200 周年的原因。

三、以问题为导向是马克思理论思维方法的精髓

问题的重要性是马克思在与莫泽斯关于国家集权问题的争论中提出来的。在 1842 年马克思关于中央集权问题的未完成稿中，他批评莫泽斯把"'自己的抽象概念'偷偷塞进哲学"，从而提出了问题的重要性。马克思强调，"世界史本身，除了通过提出新问题来解答和处理老问题之外，没有别的方法"。强调"问题就是公开的、无畏的、左右一切个人的时代声音。问题就是时代的口号，是它表现自己精神状态的最实际的呼声"。

马克思创立马克思主义的理论时，自始至终贯穿着问题意识，他致力于提出新问题并寻求科学的答案。到马克思诞生前，社会主义思潮已经经历了几百年的发展，积累了许多有价

值的思想，可是对人类向何处去，资本主义社会向何处去，人类如何才能获得解放，哪个阶级是人类解放的主导力量等重大问题，既没有科学地提出这些问题，更没有科学做出回答，因此社会主义长期停留在空想社会主义阶段。马克思主义的诞生标志着社会主义由空想到科学的转折，就是因为它始终围绕这个主题，从哲学、政治经济学和科学社会主义学说各个角度进行科学的研究，做出了立足现实的具有规律性的结论。不面对资本主义向何处去，人类如何获得解放的问题，就没有必要产生马克思主义；不科学地找到资本主义向何处去，人类如何获得解放的答案，就不可能产生马克思主义。可以说，牢牢掌握问题导向，是理解什么是马克思主义和如何坚持马克思主义的正确途径。

我们只要回想一下马克思的思想理论历程和他的全部著作的内核就可以明白问题的重要性。被列宁确定为马克思思想转折的两篇发表在《德法年鉴》的文章《论犹太人问题》和《〈黑格尔法哲学批判〉导言》，就是以问题为导向展开的。前文以争论犹太人如何从宗教信仰下解放出来的问题，提出政治解放和人类解放的关系问题；而后者则提出了哪个阶级是人类解放的领导力量的问题。马克思明确得出结论，只有政治解放还不是真正的解放，政治解放并不能使人类摆脱物的异化和自我异化力量的统治，只有人类解放才能摆脱资本主义制度获得解放。而这种可能性就在于"形成一个被戴上彻底的锁链的阶级，一个非市民社会阶级的市民社会阶级""一个若不从其他一切社会领域解放出来从而解放其他一切社会领域就不能解放自己的"阶级，这个阶级"就是无产阶级"。马克思完全突破了把人类解放寄希望于上层阶级慈悲心、把无产阶级视为社会的累赘的空想社会主义观点。

可以说，马克思的全部著作都是直接或间接地围绕如何改变资本主义私有财产制度、人类如何获得解放，如何建立实现人的自由而全面发展的社会为轴心展开的。在《共产党宣言》中，马克思和恩格斯通过对人类历史发展规律、资本主义产生和它的历史地位、资本主义社会内在矛盾，以及无产阶级和共产党的使命的分析，以纲领和宣言的形式向全世界公布了共产党人关于资本主义向何处去和人类历史发展前景的观点。

马克思以 40 年殚精竭虑、牺牲健康为代价创作《资本论》，就是通过对资本主义生产方式及与其相适应的生产关系和交换关系的分析，揭露资本主义经济运动规律，反对资产阶级经济学家"把资本主义制度不是看做历史上过渡的发展阶段，而是看做社会生产的绝对的最后的形式"的观点，对为什么资本主义必将为社会主义所取代，为什么作为剩余价值创造者的无产阶级必将充当资本主义制度的掘墓人从经济学角度提供了最有力的论证。

我们只要认真学习马克思和恩格斯的经典，就可以发现马克思的思想始终以资本主义社会向何处去、无产阶级和人类解放、建立人的自由全面发展的共产主义社会为轴心展开。始终坚持以资本主义时代的根本问题为导向，这是马克思之所以成为马克思主义奠基人的原因。我们阅读马克思的经典时可以把它还原为问题，从问题的角度可以更深地理解它的精髓。

以问题为导向的理论思维方法，为马克思以后的马克思主义创造性发展提供了无限的可能和空间。因为问题具有时代性、民族性和历史阶段性。马克思之后的马克思主义，必然会遇到马克思当时没有出现的新情况、新问题。正是以问题为导向，推动着马克思主义创造性发展。

四、马克思主义中国化与以人民为中心

以问题为导向是马克思主义的理论思维传统，也是中国马克思主义的本质特征。马克思主义中国化，说到底就是立足中国现实，以解决中国问题为指针。毛泽东同志说过："全世界自古以来，没有任何学问、任何东西是完全的，是再不向前发展的。""俄国的问题只能由列宁解决，中国的问题只能由中国人解决。"邓小平同志也强调："绝不能要求马克思为解决他去世之后上百年、几百年所产生的问题提供现成答案。"习近平同志特别重视问题意识和以问题为导向，党的十八大以来创立的习近平新时代中国特色社会主义思想，都具有明确的问题意识和以问题为导向的指向性。

中华人民共和国成立 70 多年的历史是一部由站起来，到富起来，再到迎接强起来的历史。马克思主义基本原理同中国具体实际相结合，从根本上说就是同解决中国不同时期面对的根本问题相结合，从而形成与其相适应的中国道路。中国道路就是解决中国问题的最成功最有效方式，中国当代马克思主义就是中国道路的理论结晶和升华。民主革命是寻找中国不同于苏联的革命道路，这就是工农武装割据，农村包围城市的中国独特的革命道路；社会主义革命和建设时期是探索在一个国家经济落后一穷二白的基础上如何建立一个完整的工业体系，使站起来的中国社会主义立得住、站得牢。在前 30 年，我们经历过几次战争的考验，经历过灾患的考验，经历过挫折和失误的考验，我们积累了经验也得到了教训，为改革开放奠定了社会主义基本的经济制度和政治制度基础。改革开放时期，邓小平同志找到了一条使仍然处于比较贫穷和被封锁的社会主义中国迅速变成一个富起来的中国的道路，制定了"一个中心、两个基本点"的基本路线。经过 40 多年的建设，中国特色社会主义取得了举世瞩目成就，成为世界第二大经济实体，成为在世界上有重大影响的大国。党的十八大以来，中国特色社会主义进入新时代，改革进入攻坚克难的深水区，中华民族迎来了从富起来到强起来的伟大飞跃。

从富起来到强起来的道路更为艰巨。从站起来到富起来，有全民奔富的动力，谁都愿意先富起来，从而释放出最大的能量和活力。富起来以后增强了国力，人民生活有了很大提高。但富有富的问题。庄子说过，富而多事。富起来会出现富而惰、富而骄，甚至因求富而利用手中权力而贪赃枉法。习近平总书记敏锐把握新时代人民对美好生活的需要和不平衡不充分发展的社会主要矛盾的变化，紧紧把握如何满足人民对美好生活的向往，使改革成果惠及全体人民。

在迎接强起来的道路上，习近平总书记非常清楚党和人民的重要性。吸取中国历史上"历史周期率"的经验和苏联社会主义失败的教训，习近平总书记把全面从严治党、惩治腐败，倡导共产党应该自我革命放在治国理政的重要地位；根据得人心者得天下的中国传统政治智慧，总结苏联红旗落地时人民袖手旁观无动于衷的政治冷淡主义的教训，习近平总书记反复强调"以人民为中心"，"人民对美好生活的向往，就是我们的奋斗目标"。以习近平同志为核心的党中央解决了许多长期想解决而没有解决的难题，办成了许多过去想办而没有办成的大事。习近平新时代中国特色社会主义思想的光辉成就和出台的一系列改革开放的新举措之所以得到全党和全国各族人民的支持和拥护，根本原因正在于此。

习近平总书记在十三届全国人大一次会议上发表重要讲话时再次强调："人民是历史的创造者，人民是真正的英雄。波澜壮阔的中华民族发展史是中国人民书写的！博大精深的中华文明是中国人民创造的！历久弥新的中华民族精神是中国人民培育的！中华民族迎来了从站起来、富起来到强起来的伟大飞跃是中国人民奋斗出来的！"

在一个曾经饱受帝国主义欺凌的中国，在一个贫困落后的中国，中国共产党人高举马克思主义和中国特色社会主义的旗帜，在实践中取得辉煌成就。习近平总书记在党的十九大报告中"不忘初心、牢记使命"的嘱托仍然回荡在我们耳边。这就是中国共产党人和中国人民对马克思的最好纪念。

第十一章　占据真理和道义制高点的马克思主义

在纪念马克思诞辰 200 周年大会上，习近平总书记发表了高屋建瓴、视野宏大、思想深刻、内容丰富的重要讲话，阐明了一个非常重要的道理：马克思诞生已经 200 多年，马克思主义创立已经 170 多年，马克思的名字依然在世界各地受到人们的尊敬，马克思的思想依然闪烁着耀眼的真理光芒，为什么？因为它占据着真理和道义的制高点："无论时代如何变迁、科学如何进步，马克思主义依然显示出科学思想的伟力，依然占据着真理和道义的制高点。"真理和道义结合并同处于当代制高点的论断，既是对马克思伟大光辉一生和伟大人格的精练概括，也是对马克思主义的科学性、人民性、实践性和开放性的本质特征及其当代价值的最好诠释。

一、真理制高点：科学与实践智慧的凝结

马克思主义创立已经 170 多年，按照有些人的说法，170多年前的思想早已过时了。这种看法根本不懂思想发展的规律，不懂真理的本性。黑格尔说过："伟大的灵魂——哲学史上的英雄们的身体，他们在时间里的生活，诚然是一去不复返了，但他们的著作（思想、原则）却并不随着他们而俱逝。"思想家的个体生命是有限的，但是他们的思想可以通过对象化的经典著作，为后人吸收、借鉴和继承。

真正的智慧不会因时间久远而失去智慧之光，经过实践检验的真理并不会因为古老而丧失真理的力量。时间的长短不是真理的尺度，而是真理和谬误的过滤器。没有长期存在的谎言，它总会被揭穿；但可以有古老的智慧和真理。中国的孔、孟、老、庄、荀、墨、韩非，以及程朱陆王，少则数百年，多则千年或两千年以上，但他们思想中的精华仍然是构成中华民族优秀传统文化的重要组成部分，至今仍然在为我们修齐治平、立德树人提供智慧。西方的文化也是如此。人们至今仍然

从苏格拉底、柏拉图、亚里士多德、康德、黑格尔等的著作中吸取思想智慧。

在当今世界，马克思主义依然处于真理的制高点，因为它科学地回答了资本主义向何处去、人类社会向何处去这个历史之问、世纪之问、当代之问。

历史之问。在马克思主义产生之前，各种社会主义学说已经存在300多年。它们反对剥削，追求公平正义的社会，积累了许多丰富的社会主义思想。但是它们没有从人类历史发展规律的高度，用历史唯物主义观点分析资本主义私有制和剥削制度存在的社会原因，更没有从社会自身发现承担社会主义理想的现实力量和实现途径。它们的历史观主要是抽象人性论和抽象人道主义，同情穷人，同情被剥削者，它们控诉不公平的社会，但寄希望于上层统治者和富人的善心。有的空想社会主义者还建立共产主义实验区，试图用示范的方式来推行自己的理想。马克思主义产生之前的社会主义思潮对社会主义思想的积累有贡献，尤其是空想社会主义，达到了社会主义思想的空前高度，但它们的积极作用与历史成反比。马克思在《共产主义和奥格斯堡〈总汇报〉》中说："《莱茵报》甚至不承认现有形式的共产主义思想具有理论上的现实性，因此，更不会期望在实际上去实现它，甚至根本不认为这种实现是可能的事情。"他还说："我们坚信，构成真正危险的并不是共产主义思想的实际试验，而是它的理论阐述。"马克思和恩格斯的伟大贡献正在于对共产主义的科学论证，从而回答了历经数百年的历史之问。

世纪之问。成熟的理论与成熟的社会关系不可分。19世纪上半叶资本主义在英国和法国以及稍后的德国的莱茵地区都得到发展，资产阶级和无产阶级的矛盾开始激化。法国里昂工人发动两次武装起义，英国发生工人的宪章运动，德国发生西里西亚的织工起义。19世纪上半叶提出的现实问题，是如何使处于自发阶段的工人运动，变为由科学理论指导的自觉运动。正是19世纪上半叶资本主义的发展和资产阶级与无产阶级矛盾开始激化，凸显了对科学理论的迫切需求。马克思主义是对世纪之问的回答。恩格斯1845年1月20日在致马克思的信中明确提出创立新理论的问题。他对马克思说："目前首先需要我们做的，就是写出几本较大的著作，以便给许许多多非常愿意干但自己又干不好的一知半解的人以一个必要的支点。你的政治经济学著作，还是尽快把它写完吧，即使你自己还感到有许多不满意的地方，这也没有什么关系，人们的情绪已经成熟了，就要趁热打铁。"正是世纪之问推动了马克思和恩格斯的科学探索，他们终其一生撰写了大量的马克思主义哲学、政治经济学和科学社会主义著作。尤其是马克思40年殚精竭虑数易其稿从事《资本论》写作。马克思和恩格斯以事实为依据，以规律为对象，以实践为真理标准创立了具有科学性、系统性的理论，即马克思主义。社会主义由空想变为科学，人类对美好社会的向往第一次置于现实的基础上。

当代之问。在当代世界，资本主义社会制度仍然是占主导地位的社会制度。20 世纪下半叶，苏联解体、东欧剧变，社会主义在前进中遭到前所未有的挫折，马克思主义的威信也因而受到损害。资本主义社会向何处去，人类历史发展是不是终结于西方资本主义制度，十月革命开辟的航道是否永远冰封，马克思主义是否过时成为当代之问。西方一些政治家弹冠相庆，资本主义理论辩护士们卖力推销"普世价值"论和资本主义道路是"世界唯一的文明大道论"，大力宣扬十月革命创立的社会主义制度在 20 世纪 20 年代没有被扼杀于摇篮中而死于社会主义历史发展的半途。世界社会主义运动转入低潮，马克思主义"过时论"甚嚣尘上。

马克思主义创立时是回答世纪之问。它源于那个时代又超越那个时代。真理的本性是超越时间限制的。资本主义社会是变化着的社会，社会矛盾的表现形态在变、经济全球化水平和世界交往的深度在变、科学技术发展创新水平在变、工人阶级的生活处境和工作条件、蓝领工人与白领工人的比例在变，但资本主义的本性并没有变，就其社会基本矛盾的根本性质来说，与马克思曾经揭示的矛盾本质是一样的：资本主义制度是雇佣劳动制度，是贫富两极对立的制度。资本主义宣扬的抽象的自由、平等、人权并不能掩盖资本主义社会的不公平和非正义，不能掩盖发达资本主义国家的金融资本和财团对社会、对劳动者的统治，甚至对世界的支配和霸权。只要资本主义社会仍然是资本主义社会，只要世界仍然是资本主义占主导统治地位的世界，只要雇佣劳动制度和剩余价值仍然是资本主义剥削方式，只要贫富对立仍然是资本主义社会财富分配的现实，马克思主义的重大价值只会越发彰显。

资本主义始终无法摆脱危机和冲突。无论从当代国际金融危机，还是从美国"反华尔街运动"开始蔓延到美国各大城市，并引起西方发达资本主义国家不少大城市举行反对金融财团、反对贫富对立的抗议，都说明资本主义自我调节的能力是有限的。1%的人占有99%财富的社会，是不可能持续存在和发展的。资本主义社会并不像人们设想的那样充满活力和无限生机。沉迷于资本主义的自我调节和修复能力而宣扬马克思主义过时论，毫无根据。西方有的评论家把马克思主义称之为"当代资本主义的解码器"，这个评论是对的。

马克思主义之所以能占据真理的制高点，因为它是发展着的真理。马克思当年就明确宣布："我不主张我们树起任何教条主义的旗帜"，"我们就不是以空论家的姿态，手中拿了一套现成的新原理向世界喝道：真理在这里，向它跪拜吧！"马克思主义主要是由马克思创立的，但马克思是奠基者，并非马克思主义科学体系的最终完成者和科学真理的结束者。马克思主义的发展永远不会终结，它在后继者与各国具体实际相结合中不断得到发展。

马克思主义的中国化，就是马克思主义在中国创造性发展的范例。毛泽东思想、邓小平理论、"三个代表"重要思想、科学发展观、习近平新时代中国特色社会主义思想，都是对马克思主义的继承和发展。有些理论家鼓吹中国改革的胜利，是西方新自由主义的胜利、是资本主义私有制的胜利。这是对马克思主义本质的曲解。当代中国马克思主义是发展了的马克思主义。发展了的马克思主义本质仍然是马克思主义。它与历史上的马克思列宁主义既一脉相承，又与时俱进。一脉相承的是，当代中国马克思主义坚持马克思主义基本原理，否则它就不属于马克思主义；与时俱进的是，当代中国马克思主义具有时代特色、民族特色、中国特色，是时代特征和民族特征的理论凝结，是马克思主义的创造性发展。当代中国马克思主义，二十一世纪马克思主义，就是马克思主义，是马克思主义中国化的伟大成果。

马克思主义与时俱进的本性，它的创造性、实践性和开放性是马克思主义永远占据真理制高点的内在机制。这种机制保证它不会因为缔造者的离世后继无人而变为思想史上的过客，马克思主义的继承者、信仰者和实践者遍及全世界；也不会由于故步自封、思想僵化而被历史淘汰，被淘汰的只能是一些号称马克思主义实为教条主义或修正主义的"跳蚤"，而不是科学马克思主义学说。马克思主义的内生机制保证它不会成为思想史上的绝唱，而是越来越显示它的真理性。

二、道义制高点：全世界无产阶级和
人类利益的理论代表

马克思主义占据道义的制高点，因为马克思主义没有特殊利益，不谋私利，不是某个集团或阶级利益的代表，而是为无产阶级和人类解放而斗争的学说，代表人类绝大多数人的利益和历史进步方向。思想史证明，凡是只代表统治者狭隘私利的学说总是不会长久的，因为特定阶级的统治不会长久；凡是反映人民利益的学说和智慧能够流传，因为人民是永存的。任何社会可以没有特定统治者，但不可能没有人民。马克思主义占据道义制高点，就是因为它代表全世界被压迫者和被剥削者的根本利益，比任何时代的进步学说都具有最广大的人民性。

马克思主义缔造者马克思的光辉一生，他的全部生活和理论研究就是占据道义制高点的典范。马克思首先是一位革命家，他毕生的真正使命是以各种方式参与推翻资本主义社会。马克思以一位无产阶级革命家的深情和以世界为己任的宽大胸怀，关心工人阶级的生活和斗争，关心妇女的社会地位和解放，他说没有妇女的酵素就不可能有伟大的社会变革，社会进步可以用女性的社会地位来精确地衡量；他关心被压迫民族和弱小民族的命运和革命斗争，他支持中国的太平天国运动，支持中国反对英法帝国主义以贸易为借口的侵略战争，谴责帝国主义对中国的无耻掠夺，对中国人民充满同情并对中华民族的觉醒和兴起寄予期待。

马克思的全部科学研究活动，不是为了成为一个学者，而是为无产阶级和人类解放研究锻造理论武器。无论是被反动政府驱逐被迫流亡，无论是遭遇子女夭亡之疼，无论是贫困和疾病的困扰，都不能动摇马克思理论研究的决心。为了揭示资本的秘密和资本主义社会发展的规律而从事《资本论》写作的马克思，由于肝病而"一直在坟墓的边缘徘徊"，但没有因此而停止研究。他在给朋友的信中说："我不得不利用我还能工作的每时每刻来完成我的著作，为了它，我已经牺牲了我的健康、幸福和家庭。"马克思嘲笑那些所谓"实际的"人和他们的聪明："如果一个人愿意变成一头牛，那他当然可以不管人类的痛苦，而只顾自己身上的皮。但是，如果我没有全部完成我的这部书（至少是写成草稿）就死去的话，我的确会认为自己是不实际的。"马克思的确像是为人间盗火而宁愿遭受宙斯惩罚的普罗米修斯，他认识到自己对无产阶级和人类所负的责任而牺牲自己的一切。这种力量是真理的力量，同时也是一种道义力量和道义的高度自觉。

在中国，中国共产党同样站在道义的制高点上。中国共产党把民族的复兴和人民的解放作为自己的革命目标，为了人民的利益，无数中国共产党人流血牺牲、英勇就义，是革命道德的楷模。毛泽东同志把"为人民服务"定为中国共产党人的宗旨。他在《为人民服务》中说："我们的共产党和共产党所领导的八路军、新四军，是革命的队伍。我们这个队伍完全是为着解放人民的，是彻底地为人民的利益工作的。"在党的十九大报告中，习近平总书记对"以人民为中心"作了深刻论述，强调"必须坚持人民主体地位，坚持立党为公、执政为民，践行全心全意为人民服务的根本宗旨，把党的群众路线贯彻到治国理政全部活动之中，把人民对美好生活的向往作为奋斗目标，依靠人民创造历史伟业"。习近平总书记强调全面从严治党，把党内的腐败分子驱逐出去，就是保证中国共产党队伍的纯洁性，保证中国共产党是全心全意为中国人民服务的党，从而始终站在道义的制高点上。

三、共产主义：真理和道义结合的最高追求

共产主义对共产党人来说，既是历史发展的规律，又是理想和信仰。共产党人坚持共产主义理想和信仰是站在真理和道义的制高点上，因为它是建立在人类社会发展规律基础上，又最符合全体中国人民的根本利益。习近平总书记明确指出："学习马克思，就要学习和实践马克思主义关于人类社会发展规律的思想。马克思科学揭示了人类社会最终走向共产主义的必然趋势。马克思、恩格斯坚信，未来社会'将是这样一个联合体，在那里，每个人的自由发展是一切人的自由发展的

条件'"。

有些人对共产主义理想抱怀疑态度，有些共产党员信仰发生动摇，因为他们不是从人类发展历史规律角度考察共产主义，从无产阶级和人类解放角度考察共产主义，而是把共产主义理解为我要什么就有什么的社会，是满足个人无限需要的社会，是天上掉馅饼的社会。这种"共产主义"当然渺茫，当然是"乌托邦"。共产主义是改变现存社会的活动和逐步建立的一种社会形态，而不是源源不断供给无限需要的现成魔盒。列宁在《国家与革命》中曾经批判过这种"乌托邦"理论。他说，"从资产阶级的观点看来，很容易把这样的社会制度说成是'纯粹的乌托邦'，并冷嘲热讽地说社会主义者许诺每个人都有权利向社会领取任何数量的巧克力糖、汽车、钢琴等等"。列宁明确指出："没有一个社会主义者想到过要'许诺'共产主义高级发展阶段的到来，而伟大的社会主义者在预见这个阶段将会到来时所设想的前提，既不是现在的劳动生产率，也不是现在的庸人。这种庸人正如波米亚洛夫斯基作品中的神学校学生一样，很会'无缘无故地'糟蹋社会财富的储存和提出不能实现的要求。"

作为人类社会发展形态的共产主义社会，不是无限满足消费的高消费社会，也不是人人可以不劳动就能恣意享受一切的懒人社会。共产主义社会是废除资本主义私有制即雇佣劳动制度，消灭阶级和两极对立、消灭剥削的社会。当然，废除资本主义私有制度不是废除个人对消费资料的占有。我们的住宅、我们的衣服、我们的大衣、我们种种日用品无论多么高级，它并不是用来剥削他人的资本，而是生活用品。共产主义废除的是资本主义私有制，即废除以生产资料作为资本的雇佣劳动制度。共产主义社会是人自由全面发展的社会，因为消灭了阶级和阶级对立，因而也废除了把人终身束缚在旧的分工中，尤其是被束缚在自己并不乐意但仅为谋生而不得不从事的职业中。在共产主义社会，劳动时间可以大大缩短，自由时间大大延长。每个人都可以在最容易发挥自己的爱好、天赋和才能的领域中工作，而不必担心失业，人的潜能可以得到最有效的发挥。共产主义社会理想的实现，需要生产力的高度发展，需要物质财富和精神财富极大丰富，需要人的道德水平的极大提高。不从人类社会发展规律高度来理解共产主义，不从生产力和生产关系规律的角度来理解共产主义，就会把共产主义歪曲为无限满足个人需要，道德水平低下的庸人社会。

共产主义社会不仅是一种社会形态，而且是一种具有连续性的运动过程，是一个共产主义因素不断增长的过程。习近平总书记指出："人民对美好生活的向往就是我们的奋斗目标。我们要坚持以人民为中心的发展思想，抓住人民最关心最直接最现实的利益问题，不断保障和改善民生，促进社会公平正义，在更高水平上实现幼有所育、学有所教、劳有所得、病有所医、老有所养、住有所居、弱有所扶，让发展成果更多更公平惠及全体人民，不断促进人的全面发展，朝着实现全体人民共同富裕不断迈进。"实际上，这就是共产主义因素的积累，从总体目标说是在逐步朝着共产主义目标方向前进，马克思和恩格斯设想的人类美好前景正在不断地在中国大地上生动展现。当然，中国现在仍然处在社会主义初级阶段，它不能不实行符合社会主义初级阶段的政策，从而具有初级阶段的社会特征。这是过程，而不是终点。不能把共产主义理想、目标和现行政策对立起来。一个坚定的马克思主义理论工作者，不能因为自己的生命短暂看不到共产主义社会的实现而发生理想和信仰动摇。我们每个人的生命是有限的，而达到发达社会主义和共产主义社会所需要的历史长度远比个人的生命长。如果我们的眼界受制于个体生命的长度，而非立足于马克思主义关于人类社会发展规律的理论的厚度和深度，往往是短见的、近视的。我们要把共产主义远大理想同中国特色社会主义共同理想统一起来、同我们正在做的事情统一起来，坚守共产主义的理想信念，像马克思那样为共产主义奋斗终身。

四、高举马克思主义旗帜：真理和道义的结合

一个在 14 亿人口大国执政的中国共产党，一个拥有近 9900 多万党员的中国共产党，一个在改革开放中获得举世瞩目成就的中国共产党，如此隆重地纪念马克思诞辰，就是向全世

界宣示，中国共产党始终高举马克思主义旗帜，坚持马克思主义中国化道路，坚持中国特色社会主义道路。我们要高举马克思主义旗帜，因为马克思主义是真理的旗帜，是道义的旗帜。

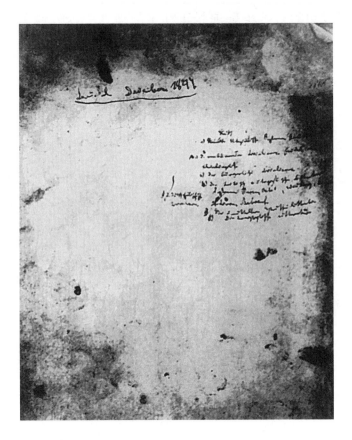

马克思写的《共产党宣言》第三章计划草稿

对中国共产党人来说，不仅马克思是伟大革命家和伟大思想家，而且马克思的思想精髓已经成为一种主义，即成为马克思主义。成为马克思主义，就是说成为一面与旧的世界和旧的传统决裂和战斗的旗帜。在这面旗帜下，世界上集结了亿万信仰者、实践者大军，并且由他们组成政党。马克思主义是由马克思恩格斯思想、马克思主义基本原理、马克思主义政党、马克思主义革命者、社会主义革命实践者结为一体的学说，可以说是五合一，而不仅仅是停留在经典、停留在文本里的理论或学说。马克思主义和历史上所有思想家的不同正在于此。我们只听说过世界上有苏格拉底、柏拉图思想，康德、黑格尔思想，至多说康德主义或黑格尔主义。这只是在纯思想意义上说的康德主义或黑格尔主义，它与思想是同义语，因为世界上从来不存在改变世界的康德主义党或黑格尔主义党。他们是思想家、哲学家，而不是革命家，他们的思想是学说，而不是改变世界的指南。只有马克思主义才真正实现了马克思在《关于费尔巴哈的提纲》第十一条的誓言："哲学家们只是用不同的方式解释世界，而问题在于改变世界。"

蕴含在马克思和恩格斯经典著作中的思想理论精髓构成马克思主义基本原理，对创立具有系统性和科学性的马克思主义特别重要。有了主义就如同举起了一面旗帜。一支军队有军旗，一个国家有国旗，军旗代表军队，国旗代表国家。没有旗帜的军队不是正规军，没有国旗的国家不是一个国家。在战斗中被缴军旗就是战败或投降，被降下国旗就是被占领，就是亡国。对共产党而言，马克思主义就是旗帜。不高举马克思主义旗帜的共产党，就不是真正的共产党。若是共产党取消马克思主义指导，就是倒旗，倒旗就是倒党、亡党。对社会主义国家而言，倒旗，同时意味着复辟，意味着和平演变。苏联社会主义失败就是前车之鉴。习近平总书记明确指出："马克思主义是我们立党立国的根本指导思想。背离或放弃马克思主义，我们党就会失去灵魂、迷失方向。在坚持马克思主义指导地位这一根本问题上，我们必须坚定不移，任何时候任何情况下都不能有丝毫动摇。"马克思主义作为旗帜的重要性是恩格斯提出来的。恩格斯在《共产党宣言》1890年的序言中满怀豪情地说，"欧美无产阶级正在检阅自己的战斗力量，它们第一次在一个旗帜下动员成为一个军队，以求达到一个最近的目的"。

马克思主义的旗帜树立起来就如同吹响了集结号。自从马克思主义产生以后，世界格局开始发生了根本性变化。从十月革命破开坚冰打通航道，世界开始出现社会主义与资本主义两种社会制度。世界创立了100多个共产党，它们虽然力量还不够强大，但星星之火可以燎原。代表人类社会发展未来的是工人阶级政党，而不是资产阶级政党，是共产主义社会，而不是资本主义社会。

中国共产党人更有理由和必要纪念马克思诞辰200周年。正是马克思主义在中国的传播，中国才开天辟地出现了中国共产党，中国先进的革命知识分子才从黑夜的摸索中找到了走出民族存亡困境和踏上民族复兴道路的理论指南，改写了中国近现代发展历史的进程，改变了20世纪中国的命运。习近平总书记在纪念中国共产党成立 95 周年的讲话中，满怀激情地感谢马克思和马克思主义："95 年来，中国共产党之所以能够完成近代以来各种政治力量不可能完成的艰巨任务，就在于始终把马克思主义这一科学理论作为自己的行动指南，并坚持在实践中不断丰富和发展马克思主义。这使我们党得以摆脱以往一切政治力量追求自身特殊利益的局限，以唯物辩证的科学精神、无私无畏的博大胸怀领导和推动中国革命、建设、改革，不断坚持真理、修正错误。无论是处于顺境还是逆境，我们党从未动摇对马克思主义的信仰。"在纪念马克思诞辰 200 周年的讲话中，习近平总书记再次表达对马克思和马克思主义的感谢之情："可以告慰马克思的是，马克思主义指引中国成功走上了全面建设社会主义现代化强国的康庄大道，中国共产党人作为马克思主义的忠诚信奉者、坚定实践者，正在为坚持和发展马克思主义而执着努力！"中国政府赠送给特里尔市马克思的高大雕像，就是中国共产党和中国人民对马克思思想给中国带来的巨变表达的感谢之情。

马克思最伟大的思想遗产是马克思主义；最重要的政治遗产是世界许多国家成立的共产党；最具有号召力和吸引力的伟大理想是消灭阶级、消灭剥削，建立一个人的自由全面发展的共产主义社会；最重要的社会变革是社会主义开始由理想变成现实。我们要坚决反对不加分析地把马克思与马克思主义对立的观点，以颂扬马克思的名义反对马克思主义科学学说。我们要反对把共产党与马克思主义割裂开来，企图用民主社会主义、用新自由主义取代马克思主义的指导地位。我们要坚决反对把共产主义伟大目标与共产党割裂开来，宣扬"共产主义渺茫论"。我们要坚决反对把马克思主义与中国传统文化对立起来，把中国近百年的伟大社会变革，视为中国传统文化的中断，并把所谓"中断"归罪于马克思主义在中国的传播，归罪于中国革命的观点。

中国的近百年历史，是实现中华民族伟大复兴的社会变革史，是马克思主义在中国传播和马克思主义中国化的历史。社会主义道路不是简单延续我国历史文化的母版，如果延续儒学道统不可能走出民族衰败甚至灭亡的困境。以儒学为主导的中国传统文化，只有在中国站起来、富起来、强起来的社会大变革条件下，才能真正得到科学尊重和合理继承；也只有在社会主义中国，孔子才能从被历代封建统治者偶像化和工具化的地位，真正回归作为中国伟大思想家和教育家的崇高地位。儒学由政治化儒学到学术儒学，由制度化儒学到文化儒学的转变，是儒学真正复兴的开始而不是中断。这个过程，是在近百年中国社会变革中逐步实现的。我们要以历史唯物主义观点深刻理解中国近百年伟大社会变革的实质和它的指导思想转换的必然性和必要性，科学理解马克思主义和以儒学为主导的中国传统文化的辩证关系，正确评价马克思和马克思主义在中国近百年变革中的作用，传承中华优秀传统文化，坚持中国传统文化的创造性转化和创新性发展。我们要认真学习习近平新时代中国特色社会主义思想，学习马克思主义中国化的最新成果，继续高举马克思主义的真理和道义的旗帜，实现中华民族伟大复兴的中国梦。

五、结　语

《共产党宣言》的开篇文笔犀利、大气磅礴："一个幽灵，共产主义的幽灵，在欧洲游荡。为了对这个幽灵进行神圣的围剿，旧欧洲的一切势力，教皇和沙皇、梅特涅和基佐、法国的激进派和德国的警察，都联合起来了。""现在是共产党人向全世界公开说明自己的观点、自己的目的、自己的意图并且拿党自己的宣言来反驳关于共产主义幽灵的神话的时候了。"在一定意义上，这段话也可以理解为马克思自己遭受当时反动政府联合驱逐，把自己的研究成果公之于世的自我写照。马克思只享寿65岁，却为人类留下了无数代人都取之不尽的宝贵精神财富。

马克思逝世后被安葬在英国伦敦北郊海格特公墓的僻静角落，20世纪50年代由共产党人迁葬并立了个半身像。虽然没有豪华的坟墓和高大墓碑，但任何王公贵族、巨商富贾的陵墓都无法与其相比。马克思的名字以自己对无产阶级、对人类世界的伟大贡献永远镌刻在历史的丰碑上。在马克思诞辰200周年之际，世界各地到马克思墓地瞻仰和献花致敬者不少。"面对我们的骨灰，高尚的人们将洒下热泪。"马克思青年时代的预言已成为现实。

第十二章 中国百年历史变革中的辩证法

历史高度决定思维深度。当代中国已进入中国特色社会主义新时代，站在历史新方位回顾中国近百年来伟大社会变革，反思中国从站起来、富起来到迎接强起来的历史过程，如高处之俯瞰来路，可以深刻把握中国历史变革的规律性。习近平总书记在党的十九大报告中指出："中国特色社会主义政治发展道路，是近代以来中国人民长期奋斗历史逻辑、理论逻辑、实践逻辑的必然结果，是坚持党的本质属性、践行党的根本宗旨的必然要求。"研究中国近百年变革的历史辩证法，可以提高我们坚持中国特色社会主义道路和习近平新时代中国特色社会主义思想的自觉性。回溯过去，展望未来，我们满怀信心地继续走在近百年奋斗筑就的历史之路上。

一、历史发展的连续性和转折

中国近百年历史，从纵向看经历了站起来、富起来到迎接强起来的历史发展过程。各个阶段有其独特的历史内涵和历史使命。它们不可分割，一个阶段为下一个历史发展提供了前进的台阶并提出了新的有待解决的问题。

中国共产党领导的革命、建设、改革，既具有历史的连续性又有重要关头的伟大转折。连续性和转折构成中国近百年波澜壮阔、跌宕起伏、一个奋斗接一个奋斗的历史途程。贯穿这三阶段的主导思想就是习近平总书记在党的十九大报告中提出的"不忘初心，牢记使命，高举中国特色社会主义伟大旗帜，决胜全面建成小康社会，夺取新时代中国特色社会主义伟大胜利，为实现中华民族伟大复兴的中国梦不懈奋斗"。其指导思想是马克思主义和当代中国的马克思主义，而领导核心则是中国共产党。

"多难兴邦。"中国经历一个多世纪的民族苦难，在中国共产党领导的革命胜利后，终于站起来了。这有其历史必然性。马克思主义揭示的规律具有普遍性，但规律起作用的条件永远是具体的历史的。从普遍性角度说，生产关系改变的合理性，必须建立在生产关系不能容纳生产力进一步发展，而新的更高的生产关系已经在母胎中成熟的基础上；从具体性的角度说，由于各国社会的发展程度和历史条件不同，生产力需要发展到何种水平，生产关系才不能容纳它继续发展，这个条件是具体的历史的，并没有统一的标准。当代西方发达资本主义国家，生产力发展水平高，但它的生产关系仍有容纳生产力发展的余地，因而它们在一定程度和一定范围可以进行自我调节，这是西方发达国家虽然时时发生危机和冲突，但至今仍然没有发生马克思曾经预期的社会革命的原因。按照马克思主义对两个必然性规律的揭示，资本主义制度并非历史的终结，但社会变革的时间、方式和途径则要视各国具体条件而定。

中国革命必然性和合理性根据在于中国社会自身的社会基本矛盾，西方发达资本主义生产力的水平并不是衡量中国革命是否合理的标准。革命是具体的，发生革命的国家也是具体的。具体问题具体分析是辩证法的灵魂。旧中国生产力落后，但旧中国的生产关系更加腐朽，它严重阻碍生产力发展。毛泽东在《中国社会各阶级的分析》一文中指出："在经济落后的半殖民地的中国，地主阶级和买办阶级完全是国际资产阶级的附庸，其生存和发展，是附属于帝国主义的。这些阶级代表中国最落后的和最反动的生产关系，阻碍中国生产力的发展。"

其突出表现就是中国自身的民族工业处于衰败的困境，民生凋敝，国弱民穷。而建立在这种落后的经济基础上的上层建筑，其政治代表是腐朽的统治者，而政府则是最腐败的政权。这就是经济文化落后的中国，发生革命却早于发达资本主义国家的原因。穷则思变。旧中国的穷，表明生产关系和上层建筑严重阻碍生产力发展。中国社会自身社会生产力与生产关系的矛盾、经济基础与上层建筑的矛盾的激化，才是中国革命必然性的内在根据。

中国的站起来不仅决定于社会基本矛盾的激化，还决定于有无革命政党和自觉的革命精神。马克思主义在中国的传播，中国共产党的成立，中华民族的文化传统都是中国革命的主体因素。中华民族这样一个有民族生命力和 5000 年传统文化的民族，当近代由于生产力与生产关系、经济基础与上层建筑矛盾如此尖锐且无法解决，致使中华民族陷入存亡绝境时，必然会从这种矛盾中产生一种相反的积极力量，产生历史杰出人物和运动，力挽狂澜，救民族败亡于水深火热之中。李大钊先生就曾经说过："历史的道路，不全是平坦的，有时走到艰难险阻的境界，这是全靠雄健的精神才能够冲过去的"。

中国之所以会产生中国共产党，中国共产党之所以能领导中国革命并取得胜利，正是社会矛盾的激化和自强不息的民族精神的结合。在中国共产党的领导下，在马克思主义和马克思主义中国化理论指导下，经历 28 年艰苦奋斗，成立了中华人民共和国。中华人民共和国的成立表明中国人民从此站起来了。新中国诞生的前夜，在中国人民政治协商会议第一届全体会议上发表的开幕词中，毛泽东同志对各位出席会议的代表说："我们有一个共同的感觉，这就是我们的工作将写在人类的历史上，它将表明：占人类总数四分之一的中国人从此站立起来了。"

历史的辩证法往往表现为历史的连续性和因果性。如果没有中国革命的胜利，没有建立一个独立自主，摆脱半殖民地半封建地位的新中国，没有以中华人民共和国的成立为标志的中国人民站起来了，就不可能在几十年后出现规模宏大影响深远的改革开放，由站起来过渡到富起来的阶段。同样如果没有改革开放以来的巨大物质积累和经验积累，没有开辟中国特色社会主义建设的道路和理论，就不可能继续开启建设社会主义现代化强国的新时代。习近平总书记之所以强调中国革命的历史逻辑，就是因为站起来、富起来、强起来不可能跳过任何一个阶段。人们并不是随心所欲地创造历史，并不是在自己选定的条件而是在既定的，从过去承继下来的条件下创造历史。历史的发展具有连续性、内在关联性和因果制约性。

中国近百年的历史逻辑表明，没有站起来就不可能有富起来，没有富起来就不可能有强起来。我们应该从规律性高度理解它们的关联性。割裂对三个阶段连续性及其重大转折的理解，就不能理解中国近百年历史发展的辩证法。改革开放的伟大成就及其开辟的中国特色社会主义实践和理论新境界，已经通过事实本身证明了它是中国社会主义历史连续性中的又一次重大转折，也是世界社会主义运动史的伟大创举。

对站起来、富起来、强起来三个阶段的历史连续性和转折关节点的辩证理解，不仅关系到对改革开放前后历史的评价，而且关系到我们的历史观，关系到中国近百年历史的规律性和可理解性。任何把改革开放前后历史绝对对立起来的观点，都不可能理解改革开放是在什么基础上展开的。如果没有中国革命的胜利和社会主义基本经济制度和政治制度的建立，没有建立相对比较完整的工业体系，改革开放就缺少经济前提和政治前提。习近平总书记关于改革开放前后历史不能对立的重要论述，坚持辩证唯物主义和历史唯物主义，充满哲学智慧和政治智慧。他在党的十九大报告中说："我们党团结带领人民完成社会主义革命，确立社会主义基本制度，推进社会主义建设，完成了中华民族有史以来最为广泛而深刻的社会变革，为当代中国一切发展进步奠定了根本政治前提和制度基础，实现了中华民族由近代不断衰落到根本扭转命运、持续走向繁荣富强的伟大飞跃。"

习近平总书记用飞跃来形容站起来的伟大意义，不是偶然的。中国革命的胜利，中华人民共和国的成立的确是中国近代史上的一次伟大飞跃，因为它为中国以后发展开辟了最美好未来的前景，而不是某些人描述的中国跌入了一个阴暗世界、悲惨世界、专制世界。极少数人刮起民国风甚至北洋风，称颂和留恋那个时代是不可取的。其实，连有见识的西方学者都承认改革开放前后不能绝对对立。英国学者斯蒂芬·佩里在回答《环球时报》记者提问时涉及这个问题。他说："有人试图将新中国分为邓小平之前和之后的时代，这样做太简单化了。改革开放之前的时代，我会说'没有毛泽东就没有现代中国'，中国之所以能在 1978 年实行改革开放，包含了之前很多年的努力和试验，例如如何保持中国的统一，如何应对贫穷、重大疾病及教育与医疗资源的匮乏等。没有这些铺垫，改革开放是不会在那个时间点发生的。"

三个阶段不可分割，还关系到我们如何看待中国式现代化的问题。有些学者说，从洋务运动开始中国就踏上了现代化之路，是中国革命打断了这个进程。按照他们的观点，如果没有中国共产党和中国共产党领导下的革命，中国照样能够实现现代化。这是违背历史事实的妄说。在中华人民共和国成立之前的旧中国，在强大的帝国主义经济支配下，民族工业的生存和发展空间极其有限，根本谈不上中国自己的工业化。这一点，凡是读过茅盾《子夜》，知道主人公吴荪甫命运的人都能懂。没有革命的胜利，没有中国站起来的历史大转折，在一个没有国家主权、没有民族独立的中国要实现现代化，纯属梦想。四个现代化是在中国人民站起来后提出来的国家战略目标，全面建设社会主义现代化国家是在中国迎来强起来后提出来的实现中华民族伟大复兴的重要内容。殖民化不是现代化。即使在有些被殖民的国家会出现一些新式工业和进行一定的基础性建设，那是服务于殖民者获取利益需要的工业和基础建设，而不是为了被殖民国家的现代化。中国有段时间曾出现过"如果中国被殖民三百年，早就现代化"的荒唐言论。现在还有人以不同方式继续发表这种谬论。这是根本不懂国家独立和现代化之间关系，更不懂社会主义现代化和社会主义制度不可分割关系的无知之言。一个被压迫民族，是不可能实现现代化的，正如戴着镣铐的人无法跳远一样。

从辩证法角度看，站起来、富起来、强起来是实现中华民族伟大复兴事业中的有机组成部分，不可分割，不能缺少其中任何一环。这是中国近代百年历史发展的辩证法，也是马克思主义和中国实际相结合理论创新的辩证法。

二、历史在解决老问题提出新问题中前进

马克思曾经说过："世界史本身，除了通过提出新问题来解答和处理老问题之外，没有别的方法。"其实，中国近百年的历史规律同样如此。毛泽东同志在天安门正式宣布中国人民已经站起来了，解决了一个从维新变法到辛亥革命所没有解决的老问题，解决了长期纷争不休的中国向何处去、出路何在、是全盘西化还是中体西用的老问题。中华人民共和国的成立表

明，解决中国出路问题不是维新、不是变法、不是改良，而是革命。只有以马克思主义为指导，从中国实际出发才能探求到中国的真正出路。习近平总书记明确指出："中国先进分子从马克思列宁主义的科学真理中看到了解决中国问题的出路。"

站起来后，解决了中国出路何在这个老问题，又须面对如何收拾国民党丢下来的烂摊子，使中国很快摆脱一穷二白，能够在较短时间内富起来，甚至强起来的新问题。这是涉及经济、政治、文化多个领域建设的问题。这是中国站起来后的历史发展的必然要求，是中国共产党的历史使命，也是全体中国人民的热切期望。如果中国通过革命胜利只是在政治上站起来了，而不是对社会进行全面改造，开始朝富起来、强起来的方向前进，那何必革命呢？革命本身不是目的，而是实现中华民族伟大复兴的必经之路。

中华人民共和国成立后的头 30 年，是完成新民主主义革命，并向社会主义建设迈进的历史时期。从社会主义发展阶段来说，它是社会主义初级阶段中的初始阶段，必然具有任何事物在初始阶段所具有的不完善性和不成熟性。"其作始也简，其将毕也必巨。"这是规律性现象。中国社会主义建设是在一穷二白基础上，是在没有自身建设经验中摸索前行的。再加上曾经发生的"左"的错误，导致中国社会主义发展进入瓶颈期。其深层原因是社会主义建设实践自身提出的新问题：人民生活贫穷是社会主义社会吗？以阶级斗争为纲是社会主义建设的基本路线吗？中国社会主义能在计划经济和单一的公有制的基础上继续获得活力吗？改革开放不是偶然的，它是在一个历史转折时期，对前 30 年存在的问题和体制性缺陷寻找新的答案，有着深刻的经济、政治、社会和民意基础，符合中国社会主义发展的历史逻辑。

改革开放是中国特色社会主义道路上的伟大创举，是中国近百年历史的又一次重大转折。它开辟了中国社会主义历史发展的新局面，开辟了中国特色社会主义实践和理论创新的新境界。1976 年 10 月粉碎"四人帮"从政治上扫除了继续前进的障碍，可思想往往落后于现实。从政治逻辑和思想逻辑辩证关系来说，政治格局的改变可以一夜之间实现，可思想解放更为困难。1978 年关于真理标准问题的讨论起到了思想大解放的作用。正是在思想解放和实事求是思想路线恢复的基础上，中国社会主义发展重新获得了新动力和勃勃生机。

从历史逻辑来说，头 30 年的成就为进一步发展提供了前进的基础，而其中存在的问题和体制性缺陷又成为继续发展的障碍。这些障碍成为为什么要改革、改革什么，为什么要开放、如何开放所需要解决的新问题。什么是社会主义和如何建设社会主义，正是对前一阶段存在的问题的总体性的提问，而这个提问中包含经济、政治、思想和体制多方面丰富内涵的展开。放弃以阶级斗争为纲，转到以经济建设为中心，提出

"一个中心两个基本点"的党的基本路线；由计划经济体制逐步转变到实行社会主义市场经济；由单一公有制转变到以公有制为主体多种经济成分共同发展，等等，中国经济发展获得了前所未有的新动力。正如习近平总书记指出的："我们党深刻认识到，实现中华民族伟大复兴，必须合乎时代潮流、顺应人民意愿，勇于改革开放，让党和人民事业始终充满奋勇前进的强大动力。我们党团结带领人民进行改革开放新的伟大革命，破除阻碍国家和民族发展的一切思想和体制障碍，开辟了中国特色社会主义道路，使中国大踏步赶上时代。"没有改革开放，也就没有现在的中国。我们热烈庆祝改革开放40周年，原因正在于此。历史逻辑、政治逻辑、思想逻辑的统一在改革开放中得到呈现。

富起来，是对40年改革开放成果的标志性概括。的确，改革开放使中国开始富起来，成为世界第二大经济实体，成为世界贸易大国，成为外汇储备最多的国家。富起来为中国特色社会主义进入强起来的新阶段提供了多方面的条件。如果没有改革开放积累的财富，我们不可能在国防、教育、卫生、社会保障，以及扶贫脱困方面投入大量资金。民生是立国之本，人民生活的富裕既是社会主义的硬实力，也是软实力，因为它体现了社会主义制度的优越性。可以说，富起来使站起来站得更牢。富起来，也使强起来成为可能。经济是基础，是综合国力最重要组成部分。中国改革开放成就是举世瞩目和公认的。我们用 40 年走过了西方主要发达国家上百年才达到的大体相当的发展水平。

历史发展是辩证的，只要发展不要问题是不可能的。在站起来的阶段，我们解决了民族独立的问题，踏上了建设社会主义新中国的道路，但我们的人民生活还比较清苦，并且体制上也还存在诸多不完善之处和缺陷。这些问题，在富起来的阶段通过改革开放得到较好解决。但富起来有富起来的问题，我们开始在总体上摆脱贫穷，原有体制的弊端得到调整、新体制逐步建立，社会充满求富、奔富的活力。但在迅速发展中又积累了新的问题和新的矛盾，包括政治生态中贪污腐败现象多发、自然生态中环境破坏严重、文化生态中理想和信仰的缺失、社会生态中贫富分化悬殊等。这些问题是埋伏在强起来之路上的隐患，必须在强国之路上得到解决。

三、强起来要主动解决富起来留下来的旧问题，积极破解强起来的新问题

不同阶段有不同的问题：穷有穷的问题，富有富的问题，强有强的问题。穷则多困，贫困阻碍生活的提高；富则易侈易骄，骄奢催生社会不良现象；强则多忌，会遭受来自外部对发展各种方式的遏制和阻挠。因此，强国之路不仅要解决富起来留下来的旧问题，还要面对强起来的新问题。习近平总书记强

调："当前，改革发展稳定任务之重、矛盾风险挑战之多、治国理政考验之大都是前所未有的。我们要赢得优势、赢得主动、赢得未来，必须不断提高运用马克思主义分析和解决实际问题的能力，不断提高运用科学理论指导我们应对重大挑战、抵御重大风险、克服重大阻力、化解重大矛盾、解决重大问题的能力，以更宽广的

燕　妮

视野、更长远的眼光来思考把握未来发展面临的一系列重大问题，不断坚定马克思主义信仰和共产主义理想。"

习近平总书记提出人民日益增长的美好生活需要和不平衡不充分的发展之间这一新时代的社会主要矛盾，并且一再强调中国仍然处在社会主义初级阶段，就是因为我们发展不平衡不充分，富起来仍然是相对的。我们国土面积大，人口多，我们的国内生产总值用 14 亿人平均，排名在世界上还是相对靠后的。况且人民对美好生活的向往不能单纯用 GDP 衡量，它的内容是多方面的。我们要贯彻新发展理念，坚持以人民为中

心，抓住人民群众最关心的现实利益问题，不断保障和改善民生、促进社会公平正义，使改革成果更多更公平惠及全体人民，不断促进人的全面发展，朝着实现全体人民的共同富裕迈进，大力改善生态环境，坚持人与自然和谐共生，建设美丽中国。我们要大力提倡科技创新，把核心技术掌握在自己手里，避免受制于人，建设科技大国、文化强国。

按照历史辩证法，我们不能把站起来、富起来、强起来视为相互取代的历史阶段，而是后一阶段包括前一阶段的成果和继续解决前一阶段出现的问题。我们要充分认识中国近百年历史变革的伟大意义，它的确是中国几千年历史从未有过的大变化。但同时我们应该实事求是地承认，我们的"富"和"强"仍然是相对的。

历史不能简单相比，但历史经验可以借鉴。尤其是社会主义的历史经验更具有直接的可借鉴性。苏联从 1917 年十月革命到克里姆林宫红旗落地，时间为 74 年。俄罗斯在列宁领导下通过十月革命站了起来，英法美等 14 国军队的进攻没有把它扼杀在摇篮里。苏联在解体之前，当时也算一个富国，因为它的 GDP 约是美国的 60%，考虑到它的人口，人均比我们现在要富得多。至于说强，苏联解体前是个强国，是世界上唯一能与美国相比肩的强国。美苏是世界上两个超级大国，是两霸。可谁也没有料到苏联解体，社会主义在苏联遭到失败。这表明一个社会主义国家，要站得牢、富得久、强得硬，必须坚持共产党领导，高举马克思主义旗帜，必须把马克思主义基本原理与本国具体实际相结合才能立于不败之地。否则一旦发生颠覆性错误，就会半途夭折。

习近平总书记对政治方向问题、对中国道路问题、对理想信念问题非常重视。他一直教导我们要有忧患意识，要防止发生颠覆性错误。党的十八大以来，以习近平同志为核心的党中央以巨大的政治勇气和强烈的责任担当，提出了一系列治国理政新理念新思想新战略，出台一系列重大举措，推进一系列重大工作，解决了许多长期想解决而没有解决的难题，办成了许多过去想办而没有办成的大事，推动党和国家事业取得历史性成就、发生历史性变革。特别令人振奋的是习近平总书记非常重视党的建设，坚持社会革命和自我革命的统一。推动全面从严治党，毫不手软地反对贪污腐败。非常重视坚持马克思主义在意识形态领域中的指导地位，让马克思主义旗帜在中国天空高高飘扬。在社会主义国家，共产党的领导、马克思主义的指导地位、社会主义制度的繁荣和发展不可分割。克里姆林宫红旗落地可以发生在一瞬之间，可苏联社会主义的失败可不是一夜之间，而是已经经历了几十年的政治和思想的蜕变期。冰冻三尺岂是一日之寒。前车之覆，后车之鉴，岂能不慎！

纪念马克思诞辰200周年，中国最为隆重。在庄严的人民大会堂，中央政治局全体常委出席，几千名马克思主义理论工作者参加庆祝大会，习近平总书记发表了缅怀马克思伟大人格和历史功绩、重温马克思崇高精神的重要讲话。如此隆重、如此庄严、如此规格，向全世界传达了一个重要信息：不管中国发展到何种程度，中国共产党都不忘初心、牢记使命。任何人都不要指望中国共产党会放弃中国道路，接受西方的所谓"普世价值"。习近平总书记在报告结尾以铿锵有力之声传达的就是这个信息："前进道路上，我们要继续高扬马克思主义伟大旗帜，让马克思、恩格斯设想的人类社会美好前景不断在中国大地上生动展现出来！"马克思主义旗帜应该在中国天空永远飘扬，中国特色社会主义道路应该一直走下去，习近平新时代中国特色社会主义思想应该永远坚持。

世界并不平静，社会主义之路并不平坦，改革也不可能是绝对完美、绝对完善一次到位。解决老问题，防止出现新问题。改革没有句号，因为问题没有句号。每次新问题的解决，都使中国特色社会主义前进到一个更高的阶段，也是中国特色社会主义理论的新发展、新境界。这符合社会主义发展规律，恩格斯说过所谓社会主义不是一成不变的，而是经常变化和改革的社会。也符合《矛盾论》和《实践论》阐述的对立统一规律和实践与认识关系的规律。中国特色社会主义实践推动理论发展，而中国特色社会主义实践和理论都是在解决矛盾中前进的。

四、中国与世界的关系也受辩证法规律支配

中国从站起来、富起来到强起来的历史进程，不仅是中国历史的深刻变革，同时也是影响世界政治格局、世界历史进程的变革，是中国与世界互动关系性质的变革。

中国与世界的关系同样是受辩证法规律支配的。马克思1853年发表在《纽约每日论坛报》的评论文章《中国革命和欧洲革命》中，曾经用历史辩证法"两极相联"即对立统一观点考察中国与欧洲的关系。马克思说："'两极相联'这个朴素的谚语是一个伟大而不可移易地适用于生活一切方面的真理，是哲学家所离不开的定理，就像天文学家离不开开普勒的定律或牛顿的伟大发现一样。"并说："中国革命对文明世界很可能发生的影响却是这个原则的一个明显例证。"马克思的这个判断在当代中国的社会变革中得到最明显的证明。

中国是一个有5000年传统文化的文明古国。在以往几千年历史中，直到明代前期，中国在世界仍占有重要地位，向世界贡献了中国文明，也吸取了其他国家的文明成果。中国与世界的交往是和平的、互惠的。中国是爱好和平的国家。在近代西方资本主义产生以后对外侵略和殖民的时代，中国曾经遭受帝国主义列强的宰割和侵略，是受害者、被压迫者。西方列强在中国与世界关系中，处于矛盾的主导方面。从站起来开始，

中国逐步从世界的边缘走向世界的中心，但中国从不追求主导世界。毛泽东说过，中国应该对世界作出更大贡献。中国开始强起来后，这个方针没有变，也永远不会变。从2001年加入世界贸易组织到共建"一带一路"的倡议和构建人类命运共同体，都显示了作为踏上强国之路发展中的大国，中国虽然已经改变了近代在世界格局中屡遭侵略和挨打的地位，但不会走国强必霸的老路，而是同各国人民一道，积极构建人类命运共同体，不断为人类和平和发展作出新的贡献。中国坚持对外开放，促进了世界经济的发展，同时也发展了中国。中国的开放政策符合历史潮流，符合世界各国的利益。中国与世界的关系是互利共赢的良性互动的辩证关系。世界离不开中国，中国也离不开世界。

第十三章 马克思主义理论工作者的素养和品格

习近平总书记在全国宣传思想工作会议上强调要"建设具有强大凝聚力和引领力的社会主义意识形态",并明确提出"举旗帜、聚民心、育新人、兴文化、展形象"的新形势下宣传思想工作的使命任务。完成这一使命任务,马克思主义理论工作者应该发挥特别重要的作用。中国的马克思主义理论工作者队伍最庞大,这是我们的政治优势和理论优势。宣传思想工作的指导核心,说到底就是马克思主义。马克思主义理论工作者能否担此重任，取决于我们队伍的理论素养和品格塑造。

一、大力提高自身的理论水平

马克思主义内容科学丰富，犹如一座巍峨的大山。攀登者们必须以毕生之力研读并学会如何运用马克思主义，任何浅尝辄止者，都不可能成为一个有理论素养的马克思主义理论工作者。大力提高自身的马克思主义理论水平，必须真信；要真信，必须真懂；要真懂，必须真学、真用。在理论主体的塑造中，学、懂、信、用是不可分的。这是马克思主义理论与实践统一的本质特征。崇高信仰、坚定信念不会自发产生。习近平总书记曾经说过："要炼就'金刚不坏之身'，必须用科学理论武装头脑，不断培植我们的精神家园。"

理论要说服人，必须首先要说服自己。只有自己信，才能理直气壮地说服别人。宣传思想工作者是真理的播种者，要用真理教育别人，自己必须为真理所征服。一个在马克思主义立场上东倒西歪站立不稳的人，别指望他能帮助别人站稳。在大动荡大转折中，发生信仰动摇、理想破灭的人并不罕见。世界社会主义运动史如此，中国革命史同样如此。鲁迅先生在《非革命的急进革命论者》中说："因为终极目的的不同，在行进时，也时时有人退伍，有人落荒，有人颓唐，有人叛变。"大浪淘沙，被冲倒的不少。

我们当代马克思主义理论工作者，不同于以生命和鲜血捍卫信仰的革命前辈。马克思主义理论工作的专业化、职业化，往往容易遮蔽掉马克思主义的革命本质和我们应承担的使命。应该认识到，我们大多是在教室里培养，在书房里成长的，我们有不必隐讳的弱点。当然，考验仍然存在，只是方式不同。世界并不平静，建设中国特色社会主义和实现中华民族伟大复兴任务艰巨，并非唾手可得。我们面对的考验很多，要准备进行伟大斗争，我们不仅要在国家发展顺利时坚持马克思主义，在遇到困难时同样应该坚持马克思主义。"任凭风浪起，稳坐钓鱼船。"我们的钓鱼船就是以习近平同志为核心的中国共产党的领导，是马克思主义，是全国人民。我们要有高水平的理论素养，能辨别和抵制各种错误思潮的入侵，也要有正确的政治方向，能经历社会急剧变化中存在的各种外部和内部的压力。改革开放同样是革命，同样是考验。在这个考验面前倒下去的干部不在少数，应该引起我们的警惕。

池田大作说过："一旦建立信仰，便闭上理性的眼睛，封住理性的喉咙，这决不是信仰应有的状态"。对马克思主义者来说，信仰更要时时加固，要与时俱进。年久失修的房子是会倒塌的。加固信仰的最重要一条，就是要不断地结合实际学习马克思主义理论，学习发展着的马克思主义并不断把它内化为自己的信念。只有在新时代面临新的问题中，不断夯实马克思主义基本原理的基础，才能真正炼就不坏的金刚之身。如果满足以往的成就故步自封，思想僵化，就无法回答面临的新问题。如果没有马克思主义科学理论支撑，面对复杂的现实问题时，就往往由于困惑而产生理想信仰的动摇。

马克思主义科学理论是信仰的前提和支撑。理论要能说明当代世界问题、说明中国现实问题。而要能说明当代世界问题，就必须坚持创造性的马克思主义。如果不能说明中国现实问题，乱花迷眼，往往会因为迷茫而导致理想破灭。摧毁理想信念的是信仰动摇，摧毁信仰的是理论动摇，而理论动摇的原因是对马克思主义的创造性本质和运用缺乏理解。实际上，在马克思主义理论和现实之间并不是直线关系，而是有个重要联系环节，这就是实践，是依据时间、地点和条件变化实际运用马克思主义。不能文本中的每句话都必须照着做，也不是文本中没有说的话不准做。如果这样对待文本，文本就变成马克思主义创造性发展的紧箍咒。

二、读经典悟原理是提高理论水平的正确道路

马克思主义理论工作者，必须既要研究马克思主义经典，又要研究马克思主义基本原理。习近平总书记提出："读马克思主义经典、悟马克思主义原理。"这是对两者关系最精准的论断。经典如同富矿，而原理则是蕴藏其中的宝石；经典是参

天大树，而原理则是树上的智慧之果。要真正准确掌握马克思主义基本原理，必须认真学习马克思主义经典著作。不精读和深入研究马克思主义经典著作而只读二手资料，如同在小溪中舀水而从未见过海洋一样。经典的最大好处是常读常新。在新的时代、新的条件下不断夯实自己的马克思主义理论基础，必须原原本本认认真真学习马克思主义的经典著作。

当然，学习经典并非目的，目的在于从经典中体悟原理。我认为这"体悟"二字非常重要。没有体悟，就不可能把马克思主义原理变为自己真正掌握和内化的真理。歌德说："莱辛自己有一次说过，假如上帝把真理交给他，他会谢绝这份礼物，宁愿自己费力去把它找到。"从经典中体悟原理，就是把自己的全部经验和思想注入对经典的阅读中，并结合实际从中发现原理的真理光辉。

我们重视 MEGA[1]（《马克思恩格斯全集》历史考证版 1）和 MEGA[2]（《马克思恩格斯全集》历史考证版 2）提供的文献资料，也重视西方学者近年来在文本研究中取得的可喜成绩，它对于我们深化对经典文献的历史背景、对马克思主义基本原理的准确理解提供了有益的帮助。经典研究如钻探，钻得越深收获可能越大。对经典的深度耕耘是马克思主义研究中的一个重要方面。在马克思主义研究中有专人从事文献学研究，从事经典研究非常必要，它是马克思主义研究方向的拓展。

但我们要深刻领会习近平总书记提出的"读马克思主义

经典、悟马克思主义原理"这个论述的重要意义。有人说"读经典、悟原理"是不可能的。不同人阅读可以得出完全不同的结论。如果一部《红楼梦》能读出一千个贾宝玉，为什么马克思和恩格斯的无数手稿和著作中不能读出一百种马克思主义呢？这种比喻似是而非。《红楼梦》是小说，它塑造的是艺术形象；马克思主义基本原理是科学理论，它揭示的是规律。艺术形象可以有不同解读，而对客观规律的认识不依赖主体的解释，而是取决于实践验证。马克思说过，"哲学是问：什么是真理？而不是问：什么被看做真理？它所关心的是大家的真理，而不是某几个人的真理"。马克思主义基本原理揭示的规律的客观性和真理的可验证性，是验证真假马克思主义的试金石。

历史是一切哲学社会科学的基础，马克思主义同样如此。马克思主义发展史是科学把握马克思主义文本和基本原理两者关系的历史基础。文本是个整体性概念，它包括马克思和恩格斯生前出版的著作，包括为研究和写作准备的读书笔记、摘录和尚未定稿的片段，也包括他们去世后整理出版的著作。它们在马克思主义理论中的地位和成熟程度是各不相同的。我们要把它们作为马克思和恩格斯的具有内在关联性和连续性的深入的对真理的探求，放在马克思和恩格斯思想发展史中来把握。这是一个有探索、有用语或概念的变化和精确化的表达过程，其中会出现不同的提法，在马克思和恩格斯的书信中也会有对问题不同看法的讨论。这并不奇怪，罗马不是一天造成的。但其中最重要最核心的是马克思主义基本原理的缔造和成熟过程，它贯穿于马克思和恩格斯生前的著作中并作为分析方法运用于自己著作中。马克思和恩格斯共同缔造的以马克思命名的基本原理，是他们著作中不断重复出现的具有规律性概括的基本观点，并且经过社会主义革命和社会主义实践的长期验证，而不只是马克思和恩格斯著作中的某个论断或某句话或某个词语。从手稿或经典中拾遗抉微，发现过去没有发现或没有注意的论断或提法，有学术意义，值得研究，但一个坚定的马克思主义信仰者决不会以他们某一手稿或著作中的某句话作为新发现来否定马克思主义基本原理，而是把它放在马克思和恩格斯思想发展史中予以科学合理的解释。因此，文本和基本原理两者关系的答案存在于思想发展的历史之中。如果把文本从马克思主义发展史中剥离出来，与原理的形成和成熟过程相互隔离，就既不能理解原理的正确性，也不能理解文本内涵的丰富性、多样性，更不能解释其中存在的某些差异性甚至所谓矛盾性。

文本研究要注意方法。因为专注一经而没有历史连续性的观点，容易孤立化和碎片化，并由此导致片面解读甚至误读。马克思和恩格斯缔造马克思主义并非一次完成的，可以说，终其一生都在不断根据实践经验和研究成果完善自己的理论。为什么对《1844年经济学哲学手稿》产生的误读最多？就是因为其中马克思的思想正处在形成的过渡期。它既包含天才思想的萌芽和亮光，也有它由之而来的曾经信仰的遗迹。如果只着眼《1844年经济学哲学手稿》，而把马克思1845年撰写的《关于费尔巴哈的提纲》以及随后的《德意志意识形态》对费尔巴哈针锋相对的批判置于理论视野之外，就会把手稿中的人性的异化和复归说成是真正的马克思主义，而以后的著作都是对它的背离和后退，从而导致用抽象人本主义历史观对马克思主义基本原理，尤其是对历史唯物主义的颠覆性解释。

对于一种学说的创立者来说，重要的是他已有手稿的真实性，而不在于它手稿的完整性。在于已发现手稿说了什么，而不在于手稿没有说什么。《德意志意识形态》一书第一卷出现多种编辑版本，这只能代表编辑者的观点和编辑方法，它不能改变已有手稿本身包含的观点。只要考察一下马克思在批判费尔巴哈和一切旧唯物主义的各个手稿中包含的一系列基本观点，就可以明白它对历史唯物主义创立的意义。《马克思恩格斯全集》历史考证版负责人格哈德·胡伯曼说："马克思是德意志哲学的集大成者，并将哲学和社会科学结合起来。马克思著名的历史唯物主义论断，即经济基础决定上层建筑，成为放之四海而皆准的普遍真理。"他承认，《德意志意识形态》非常重要，"因为它是历史唯物主义的奠基之作"。

特别重要的是，落实习近平总书记"读马克思主义经典、悟马克思主义原理"的重要论述，决不能忘记马克思和恩格斯的生平。马克思和恩格斯思想发展史应该包括他们的实践史，包括马克思、恩格斯以及他们的战友们为其理想和信仰奋斗一生的历史。马克思和恩格斯一生的历史，应该成为对"什么是马克思主义"活生生的实践展示，也是我们在研究文本时必须考虑的实践标准。马克思和恩格斯的一生是革命者的一生，他们用各种方式参与反对资本主义的革命；他们一生都在以无可辩驳的理据批判资本主义，论证资本主义被社会主义取代的历史必然性，终身为无产阶级和人类解放进行理论研究，他们在著作中运用的哲学武器就是唯物主义辩证法和历史唯物主义的分析方法。任何关于马克思主义的定义和所谓有新发现的解释，如果无视马克思和恩格斯一生以实践活动方式展示的理论的实际内容，而是寻章摘句抓住某一手稿或文本中的片言只语来否定或曲解马克思和恩格斯的学说和相互关系，都不可能得到正确的结论。我们反对以文本为依据读出的所谓"马克思主义本质未定论""马克思主义并非马克思和恩格斯共同缔造论""恩格斯伪造论""马恩对立论""两个马克思对立论"等，因为它涉及的不是马克思和恩格斯某些差异或个别观点的不同的提法，而是对马克思主义科学体系的整体性否定。把经典特别是其中未经整理发表的多种手稿中的某些差异性放在马克思和恩格斯共同缔造的马克思主义之上，放在经过实践检验并在实践中不断发展过的基本原理之上，是西方某些反对马克思主义的"马克思学"由来已久的做法。我们

241

不能重复这种思路。这种研究路径和目的，与习近平总书记强调的"读马克思主义经典、悟马克思主义原理"是背道而驰的。

三、涵养正气，升华境界

习近平总书记把"涵养正气、淬炼思想、升华境界、指导实践"作为"读马克思主义经典、悟马克思主义原理"的要求，这说明"读经典、悟原理"对造就一个立场坚定、道德高尚、九死无悔的马克思主义理论工作者的人生境界的重要性。

天地有正气，这是中国哲学的气论。体现在马克思主义理论工作者身上就是坚定性，在任何情况下都不动摇，真正具有"富贵不能淫，贫贱不能移，威武不能屈"的大丈夫品格。在中国共产党历史上多少烈士，临难不苟免，血洒刑场。正值秋夜月明，我想起毛泽东的《蝶恋花·答李淑一》。构思奇幻，情浓似血。作者不仅是对亲人和战友的深情怀念，也是对为革命牺牲的千千万万烈士们的哀思。吴刚献酒，嫦娥起舞，迎接直上重霄的不仅是烈士的英灵，而且是沛然塞疮夷的共产党人的浩然正气。

社会主义社会应该是正气处于主导地位的社会。我们倡导并大力培育和践行社会主义核心价值观，反对腐败，就是要营造风清气正的社会正气。马克思主义理论工作者应该是正气即正能量的发扬者。但要能承担这个任务，自身就应该是社会正气的承载者，决不能让邪气压倒正气。理论上的两面人同政治上的两面人同样可憎。涵养正气，这是马克思主义理论工作者一辈子的修养，是我们始终如一终身坚守马克思主义的意志和道德支撑。

马克思在这里诞生（特里尔布吕肯巷 664 号）

正气最核心的内容是道德境界。马克思主义理论工作者的道德境界应该是坚持"实事求是"和"为人民服务",而这同样都是"读经典、悟原理"的核心内容。

"实事求是"是中国共产党的思想路线,也是我们坚守马克思主义的道德境界。《皇帝的新衣》的永久价值正在于它揭示了一个真理:无私才能无畏、心实才能真诚。没有党性或党性不纯、私心太重望风办事,是决不能也不敢实事求是的。我们党一直提倡"实事求是",这也应该是马克思主义理论工作者勇于坚持真理的道德精神。我们所处的岗位、担负的责任、职业和收入方式可以不同,但作为中国人我们应该同样具有爱国主义精神,具有家国情怀。国家的发展和稳定、中华民族的伟大复兴,与我们每个人休戚相关。我们全体中国人民都是在同一条船上。你只要看看中东地区成百万难民逃离家园,有的葬身大海,就会明白这个道理。

作为一个马克思主义理论工作者,我们负有宣传党的理论、路线、方针、政策的责任。这不会降低马克思主义理论品格,而是我们理论与实际相结合的一种方式,也是对我们马克思主义理论水平的一种考试。老实说,没有一定的理论分析能力,要想宣传也是宣传不好的。因为习近平新时代中国特色社会主义思想、"四个自信"和社会主义核心价值观等,都是当代中国马克思主义中具有高度理论性的论述。没有马克思主义理论功底,可能讲不清说不明。宣传思想工作也不是为错误和社会问题洗地，不是"凡是存在的都是合理的"的辩护者。对社会不良现象包括政策执行中存在的错误，可以提出批评意见，发挥舆论的监督作用。但我们必须坚定地反对各种恶意攻击和抹黑，反对向水缸里吐脏水的人。在维护社会主义基本制度和坚持中国特色社会主义道路问题上，我们应该理直气壮。

任何没有政治偏见的人，包括国际人士都承认社会主义中国取得的成就，尤其是改革开放40多年来取得的举世瞩目的成就。从1840年鸦片战争天朝崩溃开始，哪个朝代、哪个政府、哪个社会，能与中国共产党领导下的当代社会主义社会相比？成亿中国人出国旅游，曾经足不出家门的中国老大妈也成为旅游者；国内交通四通八达，朝发夕至，一日生活圈已不为奇。虽然也有个别人以历史研究的名义歌颂"前清"、歌颂"北洋"，或者怀念"民国"，这种旧朝情愫，其实不会为广大中国老百姓所认同。

我不否认我们社会同样会存在问题。当代世界哪个国家、哪个社会不存在问题？西方发达国家没有问题吗？当然有。没有不存在问题的社会，重要的是问题的性质、问题能否解决，执政者按照谁的利益解决问题，这才是关键。资本主义制度下的两极对立、不同利益集团对政治的支配是资本主义制度的必然产物。这些矛盾不可调和，矛盾的解决意味着资本主义制度的终结。我们作为最大的发展中国家当然也有我们自己的问题。在迅速发展中我们在一些领域不同程度上积累了一些社会矛盾，包括生态环境的破坏、社会道德和诚信的缺失、官员的贪污腐败等。而且在经济发展方面，一些核心技术并不掌握在我们手中，我们的外销大多是中低端产品，经济发展模式有待升级。但这并不是不可解决的基本制度的痼疾，而是成长中的烦恼，是进一步倒逼深化改革的动力。如果资本主义社会包含的根本问题的解决，意味着资本主义社会终结的话，我们面对问题的解决，则意味着社会主义制度自我完善和中国特色社会主义建设更上一层楼。这就是资本主义社会根本制度的痼疾和中国特色社会主义社会成长中烦恼的区别。我们党从来没有隐讳我们发展中存在一些问题。习近平总书记多次在重要报告中列出过我们党内和社会上存在的问题，并语重心长地强调我们要有忧患意识。如果否认问题，何必警钟长鸣！

以人民为中心是马克思主义最重要的基本原理，也是"读经典、悟原理"的最重要内容。习近平总书记说："马克思主义是人民的理论。"如果不坚持以人民为中心，我们就从根本上背离了马克思主义。有人说，以人民为中心与我无关。我平头百姓一个，不就是一个普通的马克思主义理论教员嘛！我说，阁下错了，你手握"三权"而不自知。你有课堂的主导权、论坛的发言权、著作中学术话语的引领权。这个权力可不小。习近平总书记把"马克思主义被边缘化、空泛化、标签化，在一些学科中'失语'、教材中'失踪'、论坛上'失声'"视为应该引起"高度重视"的大事。这种情况形成的原因复杂，但我们作为马克思主义理论工作者有自己不可推诿的责任。思想政治课课堂是我们在主讲，理论论坛是我们在发言，有关马克思主义的文章和著作是我们在撰写。课堂如何讲、论坛如何发声，文章如何写，这是我们的责任。别小瞧这"三权"，它归总起来涉及意识形态领域中的领导权问题。

以人民为中心不是一句空话。人民不是抽象的集合体，而是包括每一个个人。我们的课堂面对的一届又一届学生，我们的论坛面对的听众，我们的文章和著作面对的读者，不就是现实的人民吗？对我们理论工作者来说，牢牢把握好使用好这"三权"，切切实实让马克思主义在思想政治课上发光、在论坛上发声、在文章中发言，这就是以人民为中心。从血管里流出的是血，水管里流出的是水。理想和信仰不是悬在太空中，它就贯穿于我们的职业中，贯穿于成为专家学者的努力中。

习近平总书记强调"淬炼思想"，这是要我们以创造性态度对待马克思主义。思想的重要性是不言而喻的。思想是理论的灵魂，是理想和信仰之光。法国思想家帕斯卡尔说的"人是会思想的芦苇"成为名言，就是因为突出了思想对人的意义。罗丹的《思想者》雕塑成为艺术珍品不仅在于技艺，也在于以艺术的形式突出了人是思想者。把马克思主义说成否定思想作用的机械唯物主义是一种蓄意曲解。其实马克思主义非常重视思想的反作用。恩格斯把"思维着的精神"称为"物质的最高的精华"。列宁称"唯心主义是人类智慧树上一枝不结果的花",赞扬"聪明的唯心主义比愚蠢的唯物主义更接近于聪明的唯物主义"。这都是对思想、对精神作用的肯定。

淬炼思想与涵养正气、升华境界不可分。心中没有正气，不坚持以人民为中心，对于马克思主义理论工作者来说，就不可能淬炼思想。淬炼思想需要无所畏惧的追求真理的精神，无私才能无畏。马克思主义理论工作者要成为敢于担当，坚持真理，有勇气发表有创造性见解的人。毛泽东曾经说过，"任何国家的共产党，任何国家的思想界，都要创造新的理论，写出新的著作，产生自己的理论家"。中国需要理论家，特别是当代中国的马克思主义理论家。不提倡淬炼思想，我们时代的自己的理论家就难以产生出来。

马克思主义理论工作者当然要捍卫马克思主义，捍卫社会主义制度和中国特色社会主义发展道路，要忠于人民、忠于党。这与攀附权贵是完全不同的两码事。我们蔑视阿谀奉承、反对曲学阿世，但这决不能成为我们可以对中国共产党领导、对我们的政府、对中国共产党的路线、方针、政策采取对立态度，以此表示"人格独立"。这与其说是"人格独立"，不如说是一种政治倾向。

淬炼思想当然需要学术民主。中国共产党倡导实践是检验真理性认识的唯一标准，倡导解放思想和与时俱进，就包含对研究中的"学术民主"的肯定。学术民主的本质是追求真理，包括追求真理过程中的探索，它的本体是学术，它的边界是人民的根本利益和相关法律法规。对自己民族经历的苦难、对中国共产党人和革命者的牺牲奋斗的历史、对中国特色社会主义道路取得的成就任意说三道四，做翻案文章，这扯不上"学术民主"。"学术民主"与在"学术民主"掩护下公然反对坚持四项基本原则，蓄意宣传资产阶级自由化思想不能混同。任何"读经典、悟原理"的人都应懂得这种区别。

马克思主义理论工作者的理论素质和品格塑造非常重要。这是关系到马克思主义理论工作者如何培养，马克思主义队伍如何建设，如何在宣传思想工作中发挥主导作用的大问题。苏联时期马克思主义理论队伍庞大，无处不姓马。可一旦山河变色，队伍就溃不成军。殷鉴不远，岂能忘哉！

第十四章　筑牢文化自信的理论和现实基础

在当代中国，文化自信既不是源自文化哲学的理性思辨，更不是文化民粹主义的非理性狂躁。它与道路自信、理论自信、制度自信共同构成中国特色社会主义的"四个自信"。其中文化自信具有更基本深沉持久的精神支柱作用，但它同样离不开其他三个"自信"。改革开放已走过千山万水，仍须跋山涉水。随着世界百年未有之大变局的到来和国内改革开放的不断深化，中国特色社会主义事业不会风平浪静。道路之争、制度之争、理论之争，会如大海之波涛，时高时低，它会影响对"文化"的"自信"。故此，我们不能局限在文化领域阐述文化，而应该从历史的认知和中国特色社会主义的道路、理论、制度的伟大成就基础上阐述文化自信的历史渊源和现实根据。

一、国家统一强大是文化传承连续性的根本保障

水是生命之源，其实也是文明之源。世界上四大文明古国都发祥于河流：两河流域的巴比伦文明、尼罗河流域的古埃及文明、印度河流域的古印度文明，黄河长江流域的中华文明。文明的产生与河流有关。河流可以不变，文明的发展却可以中断。并非所有古代文明的发展都是连续不断的过程。法国学者费尔南·布罗代尔曾引用另一作者的话说，"如果社会发生动荡和变革，建立在社会之上的文明也会发生动荡和变革"。除中华文明外的世界其他三大古文明都发生过文明连续性的中断。当统一国家发生分裂或遭遇强烈动荡时，历史的连续性会中断，文化同样会因国家分裂而碎片化，演化为不同国家的文化，对自己古代的文化只有历史学的回忆，而无现实的延续性。

在古代文明中只有中华民族的文化没有中断。它与地缘政治问题相关，但具有决定意义的是国家自身的统一和强大。古

代中国，周围没有比中国更强大的敌国，因而没有因敌国入侵所引发的亡国和分裂。中国先秦时的中原侯国都是姬姓兄弟叔侄关系；后来在中原政权周围和边陲存在不同民族政权关系，它们不是现代意义的国与国的关系，而是不同的民族政权的关系。它们都处在后来逐步形成的中国的疆土范围之内，因而具有历史的双重性：从政治上说，它是不同民族政权的关系，但从民族角度说，它们是正在形成中的中华民族这个大家族中的不同民族。

中国历史上曾经有过少数民族入主中原建立王朝，但不是外国入侵，而是不同民族在不同时期处于统治地位的更替。中国仍然是中国，尽管存在着王朝的变化，但王朝变化是统治者的更换，新旧王朝之间仍然存在连续性和关联性。中国几千年历史中有王朝易姓和民族政权之间的战争，但没有因外国敌人入侵而产生的国家灭亡。中国内部不同政权的对峙，时间长短不一，最后仍然是统一。统一是中国历史的主流。正是在王朝更替中，各民族文化得到整合和融合，并逐步形成以儒学为主导的一体多元的中华民族文化。蒙古族建立的元朝、女真人建立的清朝仍然是中国历史发展中的一个阶段。"崖山之后无中国，明亡之后无华夏"，诚如有的学者所言，此实乃偏激之论。元史、清史仍然是中国历史，它们尊崇的文化仍然是中华民族文化。西域诸民族政权以及辽金西夏的历史仍然被记载在中国正史之中，属于中国历史的一部分。由此可见，保持国家统一，没有分裂成不同的独立国家；国家强大没有外国侵略者的占领，中华民族的主体文化必然会是统一的文化。当然在统一的国家中，各民族会有自己本民族文化，各地区有地域文化。它使中华民族的民族文化丰富多彩，而不是与主体文化脱钩、异道而行的另一种文化。中华文化是无侵略性的凝聚性的向心文化，它不断像雪球一样越滚越大、越聚越紧。世界上没有完全由同一种文化处于主导地位的两个不同国家。国家不同，主导文化就会不同；反之亦然。

中国共产党领导中国人民经过浴血奋斗，终于结束了国家混乱、军阀割据、帝国主义驻军和各自占据租界治外法权的局面。中国成为主权独立的国家。一个强大的统一的各民族团结的中华人民共和国，是确保中华民族的文化连续性不会发生中断的政治保障。新中国成立 70 多年，是中华民族更加繁荣的 70 多年，也是各民族文化更加繁荣并更丰富的 70 多年。一些外部势力处心积虑地企图分裂中国，企图把统一的中国分裂为几大块，我们应该高度警惕。分裂中国，就是灭亡中国。中国的分裂，同时也就是中华民族五千多年历史和文化的连续性中断与碎片化。任何一个真正热爱中华民族文化的人，必定同时是一个真正的爱国主义者。反之亦然。强大而团结的中华人民共和国是我们"文化自信"的国家保障。

中国从 1840 年后屡遭强敌侵略。国家风雨飘摇、生灵涂炭、民不聊生，人民生活在水深火热之中，文化自信受到极大伤害。有人说这是"打悲情牌"。这种说法是完全错误的。我们可以忘记历史上的仇恨，但不能没有历史的记忆和耻辱感。悲情是乞求怜悯和同情，或煽起民粹主义情绪，而历史的耻辱感是点燃爱国心、激起奋发图强心的火把。马克思非常重视一个民族的耻辱感。他说过："如果整个国家真正感到了耻辱，那它就会像一只蜷伏下来的狮子，准备向前扑去。"因历史恩怨而排外是民粹主义，深感历史上曾经落后挨打的耻辱而奋发图强是爱国心。中国由睡狮到醒狮的转变正是基于全民族强烈的爱国之心。习近平总书记在主持召开学校思想政治理论课教师座谈会上的重要讲话中强调要"厚植爱国主义情怀，把爱国情、强国志、报国行自觉融入坚持和发展中国特色社会主义事业、建设社会主义现代化强国、实现中华民族伟大复兴的奋斗之中"。这是中国历史和近百年历史教训的总结，也是我们对新中国成立 70 多年所取得的国家成就拥有民族自豪感和文化自信的根据。

二、发展经济、优化制度是坚定文化
自信的深厚基础

马克思主义用唯物史观看待文化，把文化看成是由生产方式决定的观念形态的东西。一个社会的文化，是与特定社会的经济、政治相关联的。占主导地位的文化性质，是由占主导地位的经济和政治状况决定的。物质生产方式制约着精神生产。从事精神生产的人，生活在一定的社会形态之中，他们不可能越出自己社会许可的范围之外创造自己的文化。尽管影响文化的因素是多种多样的，文化与经济和政治的联系会由于许多中间环节而变得模糊，但物质资料生产方式在精神生产中的最终决定作用，政治制度对文化发展有或推进或阻碍的作用是确定无疑的。

在前资本主义社会，中国是世界上农业最发达的国家之一。中国传统文化的高度发达和丰富多彩，与中国历史上农业经济发展成熟和手工业高度发达密不可分。毛泽东在《中国革命和中国共产党》一文中强调：“在中华民族的开化史上，有素称发达的农业和手工业，有许多伟大的思想家、科学家、发明家、政治家、军事家、文学家和艺术家，有丰富的文化典籍。”中国历史上封建社会的农业生产方式的成熟和农业手工业的高度发达，是中国文化和文明得以高度发达的经济基础。中国发达的传统文化是不可能建立在极其贫穷落后的经济之上的。

中国的封建制度也有其特殊性。从秦始皇“奋六世之余烈，振长策而御宇内，吞二周而亡诸侯，履至尊而制六合”建立秦王朝后，废除封邦建国的旧制度，实行中央集权的郡县制，国家官员由中央任命，书同文、车同轨，使中国成为统一的国度，而不是众多诸侯国的集合。大一统的观念从制度上得

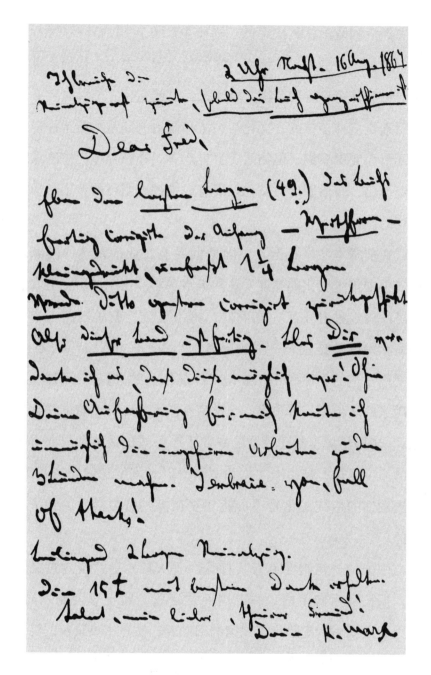

马克思写给恩格斯的信

到保障。柳宗元《封建论》中为郡县制辩护，驳斥因秦二世而亡否定郡县制改革的历史意义，指出"咎在人怨，非郡邑之制失也"。并以汉代恢复分封制度的弊端为教训："汉有天下，矫秦之枉，徇周之制，剖海内而立宗子，封功臣"，结果酿成吴楚七国之乱。柳宗元的结论是，"秦制之得亦以明矣。继汉而帝者，虽百代可知也"。自此以后，中国历史上中央集权的郡县设置名称可以不同，地域划分可以变更，官吏设置可以改变，但没有再回归废除郡县、封邦建国的旧制度。中国历史上改朝换代、王朝易姓颇为常见，主要是因为封建社会的基本矛盾激化，土地兼并，富者良田阡陌，贫者无立锥之地，政治腐败，苛捐杂税而引起的人民的反抗。

中国历史具有的连续性并没有因王朝易姓而断裂，文化传统的连续性也没有中断。中央集权的郡县制是王朝更替后自我修复的重要机制。中国官员的升迁选拔制度经过演变也在不断优化。从隋唐后破除门阀制，确立科举制，层层考试，为中下层地主子弟甚至寒门学子开辟了一条跻身统治阶层的道路。宰相起于州部、猛士起于卒伍的人才培养和官吏选拔具有更大的可选择性空间。科举制推动文化重心的下移，读书不再仅限于名门望族，这对文化的传播起到极大的推动作用。

习近平总书记说："历史是最好的教科书，也是最好的清醒剂。"我们清楚地认识到，中国封建社会是君主专制的社会，本质上是人治而非法治，它是中国历史进程中的一个阶段，具有其不可避免的历史局限性。社会主义中国决不会无分别地接受适合封建君主专制制度的东西，从制度到思想都是如此。社会主义在反对资本主义自由化的同时，也注意反对封建主义思想的遗毒。但中国封建社会的历史并非一片黑暗，我们的先辈为后世子孙积累了不少可供继承的东西。无论是中央集权的郡县制的国家体制的建构和人才选拔中强调选贤与能、制度化的官吏监督制度，都有可供借鉴之处。在中国共产党领导下，新中国成立70多年来，我们以马克思主义和马克思主义中国化的理论为指导，确立了中国共产党领导的多党合作和政治协商制度、民族区域自治制度以及基层群众自治制度，并根据中国历史经验和基本国情逐步找到了一条不同于西方资本主义现代化的社会主义现代化道路，即中国特色社会主义道路。中国是依靠自力更生，依靠中国人民的智慧、努力和艰苦奋斗实现和平发展的。毫无疑义，通过改革开放批判借鉴西方现代化的经验和教训，学习西方发达国家的先进科学技术也发挥了重要作用，今后我们仍然要学习西方发达国家的先进科学技术。

新中国成立70多年来，我们在中国道路、理论和制度建设取得伟大成就基础上，重建了由于近百年惨痛历史而遭贬损的文化自信力。中国人民的精神得到空前解放。我们当然不会满足已有的成就。中国道路符合中国国情，但这条道路并不平坦，我们仍然有不少未知领域，有不少未知规律需要掌握，需要进一步总结经验；我们也知道一个比较成熟的中国特色的社会主义国家制度仍然在继续完善中；中国特色社会主义理论同样要与时俱进。我们并不认为我们不存在任何社会问题。重要的是以习近平同志为核心的党中央正视问题，而且正在逐步解决面对的问题。判断一个社会的优劣并不是有没有问题，而是是否解决问题，按照谁的利益解决问题。中国在发展，中国在复兴，这是任何势力都无法阻挡的。

三、在守正创新中坚定文化自信

牢固树立文化自信，必须坚持"守正创新"。

守正，最核心的内容是要坚持马克思主义在意识形态的指导地位，坚持中国共产党对文化工作的绝对领导，坚决贯彻中国共产党制定的文化政策。我们的各级意识形态主管部门都要坚定贯彻落实党的路线和方针政策，自觉认识到自己在意识形态领域中肩负的守正创新的责任，反对任何官僚主义和形式主义。只管发文件而不管检查落实的官僚主义，只管热热闹闹做表面文章而不管实效的形式主义，都有百害而无一利。

守正，既要求各级意识形态主管部门的领导要有守正的坚定性，也要求要有政策观念和领导艺术。意识形态领域是知识分子，包括高级知识分子最为集中的领域。知识分子由于职业和工作方式的特点，最看重的是"自我创造"，最倾心的追求是"学术自由""创作自由"和人格的"独立和尊严"。我们应该理解这种要求的正当性和合理性。但又不能任凭错误思潮在这种正当要求掩盖下沉渣泛起。"左"掩盖下的右，和右掩盖下的"左"，一种倾向掩盖另一种倾向，在意识形态领域并不罕见。这要考验领导者的水平和领导艺术。意识形态部门的工作不是一种单纯的行政工作，而是思想工作，是做人的工作。既要尊重知识分子，满足知识分子的合理要求，充分调动其积极性，繁荣发展中国的哲学社会科学和文学艺术，又要正确引领，对错误思潮开展严肃的批评教育和斗争。"宽"与"严"、"紧"与"松"，这是意识形态领域中的一个多种矛盾结成的"扣"，要使这个"扣"不变成"死结"，必须讲究领导艺术，既有原则性又有灵活性。缺乏灵活性，则妨碍发挥思想创造性，无助于哲学社会科学和文学艺术的发展；放任自流，让各种错误思潮自由传播，就会危及文化安全，从而危及我们的社会主义制度。

要区分政治问题和学术问题。学术观点应该提倡"双百"方针。对在课堂上挑战四项基本原则的观点应该进行批评、教育和坚决斗争。现在高校"告密"和"告密者"成为少数人炒作的热词。面对几十、几百人的课堂本无密可言。课堂本不是教员的私人领地，而是面对学生教书育人的公共空间。如果有的学生对教员的讲课内容有不同看法，可以向老师提出，或者以不同的方式向院系或学校反映。教师有教师的权利，学生也有学生的权利。如果说，不管大是大非，学生只有一律照单全收保持沉默，不能有不同的看法，这种要求极不合理。"告密""告密者"历来为人所不齿，这个称号最容易丑化学生，并最容易激发对所谓纵容学生告密制度的痛恨。我想起了黑格尔的哲学短文《谁在抽象思维》，说贩卖臭鸡蛋的小贩完全不提臭鸡蛋而从头到脚编排顾客的不是。用"告密""告密者"称呼反映问题的学生，而有些评论者也以谴责学生和学校来凸显自己占领道德制高点。甚至有人危言耸听，说高校教师是"高危职业""人人自危"，给人一种唯恐天下不乱的感觉，实在令人生疑。我真诚希望维护正常的教学秩序，培养风清气正的教风和学风。老师认真传道授业解惑，学生尊师重教，建立和谐的师生关系。

既要守正，还要创新。关于文化创新的规律，毛泽东提出了六字箴言：继承、借鉴、创造。"我们必须继承一切优秀的文学艺术遗产，批判地吸收其中一切有益的东西，作为我们从此时此地的人民生活中的文学艺术原料创造作品时候的借鉴。有这个借鉴和没有这个借鉴是不同的，这里有文野之分，粗细之分，高低之分，快慢之分。所以我们决不可拒绝继承和借鉴古人和外国人，哪怕是封建阶级和资产阶级的东西。但是继承和借鉴决不可以变成替代自己的创造，这是决不能替代的。"毛泽东讲的是文学艺术，但它对人文社会科学具有普遍的适用性。

文化创新必须基于继承和传承。在空地上可以建筑大楼，在文化废墟上不可能创新和发展文化。魏征在《谏太宗十思疏》中说，"求木之长者，必固其根本；欲流之远者，必浚其泉源"。固本培元，则根深叶茂；浚源疏河，则源远流长。我们只要懂得中国的文化发展史，就会信心百倍。因为我们的祖先确实为我们留下了丰富的思想遗产，而且在历代传承中得到创新发展。

继承中国传统文化，往往会碰到拦路虎说中国封建社会的思想是封建的，不能继承。关于这个问题，毛泽东有过回答，封建社会的东西并不等于都是封建的东西，其中有不少包含人民性的东西，即使是封建的东西也要分析。我们只要读读屈原的《离骚》中的"长太息以掩涕兮，哀民生之多艰"；柳宗元在《送薛存义之任序》中，痛斥官吏，为百姓鸣不平；黄宗羲在《原君》中直指皇帝为"独夫"，矛头直指君主专制。这些思想，其深度至今仍然闪闪发光。

在哲学的创新中，这种误解更多。有些学者认为坚持马克思主义的基本观点会冲淡中国传统文化的丰富性和合理性，特别在中国哲学领域最忌讳最厌烦的是唯物主义与唯心主义区分。例如，它们不愿意承认王阳明"心学本体论"中包含某些唯心主义成分。因为它们有个传统看法，如果承认唯心主义成分就是对它的否定。王阳明的"人心是天渊，心之本体无所不该"，致良知就是将此障碍窒塞一齐去尽，回复本心。王阳明的"知行合一"是"致良知"，是回归本心的途径。冯友兰先生也说，宋明理学中有三派：气学是唯物主义，理学和心学是唯心主义。唯心主义不能简单等同于错误，按列宁的标准阳明心学属于聪明的唯心主义。它继承中国儒学道德伦理特性，强调"除私去蔽""回归本心"，反对私欲窒心，失去做人的本分。这对道德培养、道德自律有积极意义。现在的"阳明心学热"，从道德修养角度来说有可取之处，因为当代人的物欲和功利主义太重，轻视道德修养，宣传"阳明心学"有正心诚意补错纠偏之功。正是在这个意义上，习近平总书记把共产党人的党性修养称之为"共产党人的心学"，强调"知行合一"。但与王阳明强调的回归本心，向内用力不同，共产党人的知行合一就是理论与实践的统一，是认识世界和改造世界的统一，是共产主义的理想信念与自己行为的统一。社会主义核心价值观的培育不能脱离中国特色社会主义实践，不是回归本心发现固有的良知，而是要接受理想和信念的教育与培养，并且在实践中经受考验。习近平总书记在中央党校（国家行政学院）中青年干部培训班开班式上发表重要讲话时强调："广大干部特别是年轻干部要在常学常新中加强理论修养，在真学真信中坚定理想信念，在学思践悟中牢记初心使命，在细照笃行中不断修炼自我，在知行合一中主动担当作为，保持对党的忠诚心、对人民的感恩心、对事业的进取心、对法纪的敬畏心，做到信念坚、政治强、本领高、作风硬。"在我看来这是对"阳明心学"的合理吸取和改造，也可以看作是对中华优秀传统文化进行创造性转化和创新性发展的一个范例。我们对中国传统文化最重要的是在继承基础上进行创造性转化和创新性发展，而不是简单附会和类比。这是一项重要而极具学术性的工作。

要创新，必须反对文化民粹主义。中华民族是爱好和平的民族。我们不主张"东方文化优秀"论，更不会搞"中国中心"论。我们不会重复明清曾经发生过拒绝西方文明的无奈和错误。事实上，改革开放40多年，中国介绍西方的文化远远超过西方介绍中国的文化。中国人对西方的了解也远远超过西方一些人对中国的了解。在全面深化改革开放中，我们还将通过文化交流吸收借鉴人类文明优秀成果。我们派遣的留学生之多也是世界上少有的。我们主张世界文化多样性，提倡文化交流互鉴，反对"文明冲突"论。我们的"一带一路"倡议就不仅是经济合作共同发展，而且也是一种文化交流的最好渠道。我们相信，在文化交流互鉴中批判借鉴世界其他文化的有益成果对于我们的创新是有价值的。

当然，在处理本土文化和外来文化关系上不可能是简单的拿来主义。我们对外来文化的吸收与传播，取决于两个因素：一个是外来文化优秀性，一个是我们社会的需要和可接受性。社会文化需求与人的营养需要一样，都是吸取有利于自身健康的因素。当中国儒家文化处于主导地位时，在汉代开始印度佛教传入并在唐代达到高潮。儒学入世情结深，佛教的传入有其社会需要，尤其是对那些功名失意的士大夫和宦海浮沉的官僚阶层，比较有吸引力，也最易被他们所接纳。到近代，中国最缺少的是科学技术，西学为用的思想最易接受，但科学与民主的思想与中国封建制度难以契合。在中国解决道路和根本制度问题之前，中国首先需要解决的是如何推翻旧的制度，寻找一条新道路，即中国向何处去的问题。这就是为什么马克思主义在中国的传播比五四新文化运动倡导的科学民主，对先进的革命知识分子更具有吸引力的原因。尽管别的什么主义也曾在中国传播，但都是雨打梨花，好景不长。社会需要是文化吸收的过滤器，不经过社会这个过滤器，文化的传播只能是暂时的，更不用说生根发芽。马克思主义之所以生根发芽，并实现马克思主义中国化，其原因正在于此。正是有了马克思主义在中国的广泛传播，才有了中国共产党成立和中国革命的胜利，才使科学技术得到迅猛发展，才使社会主义民主在新的制度下得以生根发芽，并且随着中国道路和制度建设不断完善得到新的更大发展。

要守正创新必须坚决贯彻以人民为中心的原则。坚持以人民为中心是守正，因为人民是历史创造者，是社会主义社会的主人，这是马克思主义的基本观点。背离这个原则，守正无从谈起。同时，以人民为中心又是创新的动力和源泉。中国文化的创新，包括哲学社会科学和文学艺术，脱离人民，自拉自唱，终究走不出房门，至多是自己的小圈子里，或者微信群里相互点赞。

文化上无知、无助，这是一些人对人民群众在文化领域中作用的看法。这种看法当然是错误的。无论古今中外，伟大思想家、文学家、艺术家对文化的个人贡献值得我们尊敬。但是人民生活是一切思想文化的源泉，没有人民的实践和他们在实践中积累的智慧，也就不可能有伟大的文化产品。马克思说："哲学家并不像蘑菇那样是从地里冒出来的，他们是自己的时代、自己的人民的产物，人民的最美好、最珍贵、最隐蔽的精髓都汇集在哲学思想里。"马克思关于哲学所说的话适用于作为观念形态的思想文化。"最美好、最珍贵、最隐蔽的精髓"就存在于人民的普通的日常生活或激烈的斗争生活中，存在于生活中的真善美与假丑恶的斗争中。只是这个"最美好、最珍贵、最隐蔽的精髓"并非人人可见、人人能见。哲学家、思想家、文学家之所以是哲学家、思想家、文学家，正在于他们有善于思维的哲学头脑，有善于捕捉生活之美的审美眼光。他们越是深入人民生活，越是能发现别人看不到体会不到的人民生活中的"最美好、最珍贵、最隐蔽的精髓"。看到人民的伟大才能成就他自身的伟大，人民性可以说是一切思想文学艺术的通灵宝玉，得之者生，失之者死。

在文化领域，人民大众不只是生活的源泉，不只是从根本立场和价值观上决定文化产品的优劣高低，事实上，人民同样是文化创造的参与者。他们虽然不是传世的文化典籍的作者，但在物质和非物质文化领域，普通的人民群众往往占有最突出的主导地位。精美的石雕、木塑、泥塑，各种传统的工艺、手艺，给人类文化留下了许多珍贵的瑰宝。他们是没有留下姓名的木匠、石匠、泥瓦匠、裱匠，绣工、织工手艺人。我们引以为豪的敦煌石窟、龙门石窟，以及隐藏于天下名山中的许多寺庙建筑、江南园林，其建造者大多是普通的劳动者。我们不仅要牢记那些著名思想家和他们留下的经典，我们同样要记住那些生活在底层对人类文化作出贡献的无名无姓的普通百工技艺人。我们的故宫博物院中，除了名人字画外，还有作为国宝的青铜和各种名窑瓷器，一般没有人知道制作者是谁。在人类文化领域，如果我们排除非物质文化遗产就不可能构成人类的文化。而在这一领域中大多是民间的高手名匠，只要读读柳宗元的《种树郭橐驼传》《梓人传》都能明白这个道理。"高手在民间"，这是在研究文化自信时决不应该忘记的。

在移动互联网时代，守正创新当然包括传播渠道和方式的创新。在当代，传播方式的快捷、便利，受众之多是前所未有的。如果主流意识形态不能掌握新媒体，而是拱手让出这个重要阵地，将会使主流意识形态的传播陷入前所未有的困境。

四、结　语

我们为新中国成立 70 多年所取得举世瞩目的成就感到骄

傲。天津人民出版社出版的《读懂中国——海外知名学者谈中国新时代》就汇集了不少海外知名学者对中国道路、中国制度诸多方面政策的肯定和赞扬。行百里者半九十。我们深知实现中华民族伟大复兴还要面对许多需要解决的老问题和新问题。在前进道路上出现"黑天鹅"事件、"灰犀牛"事件都不足为怪。我们既要有忧患意识，又要保持战略定力。社会主义社会不是一次普通的革命，不是王朝更替，也不是西方的政党轮替，而是人类历史上一次社会形态的变革。困难之多，不难想见。世界资本主义从诞生到资本主义制度的逐步建立和完善，经历几百年。资本主义作为取代封建社会的社会制度，对人类社会生产力的发展，对科学技术的推进，对新型政治制度的建立作出过贡献。至今某些资本主义国家在很多科学技术领域仍然处于领先地位。社会主义中国成立才 70 多年，改革开放也才 40 多年，我们为获得的成就自豪，但要建立一个成熟的发达的社会主义社会，仍需全党全国各族人民团结奋斗。

"自信人生二百年，会当水击三千里"。中国人民不会忘记中国历史上的辉煌，不会忘记中华民族曾经的苦难和牺牲的无数先烈。"不忘初心、牢记使命"。实现中华民族伟大复兴，是中国人民的百年梦想，寄托着中国 14 亿人民的热切期待，也是真正筑牢文化自信的理论和现实基础。

第十五章　历史合力与中国的
　道路选择

　　中国共产党领导下的社会主义革命之路、建设之路，特别是在改革开放实践中开辟的中国特色社会主义道路，是中国近代以来最辉煌灿烂的篇章。这是一段包含着丰富历史智慧和现实经验的雄伟壮丽的历史，是记录中国共产党领导下中国人民为实现中华民族伟大复兴进行道路探索和英勇奋斗的历史，是百年浮云遮蔽的东方大国的灿烂日出。这段历史无比丰富，可以从不同历史视角进行解读。

一、重视道路选择的合力研究

历史从来不是独角戏,是多种因素的合力。在近代中国的道路选择中存在各种因素,包括各种历史人物、历史事件,不同的政党和不同的政治主张与方案。道路的正确选择是多种力量的角力和斗争的结果。

对于一个国家发展道路的历史合力来说,内因是主要的。内因既有历史因素又有现实因素。历史因素是中国自身的历史和文化传统。习近平总书记在致第二十二届国际历史科学大会的贺信中说:"中国有着五千多年连续发展的文明史,观察历史的中国是观察当代的中国的一个重要角度。不了解中国历史和文化,尤其是不了解近代以来的中国历史和文化,就很难全面把握当代中国的社会状况,很难全面把握当代中国人民的抱负和梦想,很难全面把握中国人民选择的发展道路。"在致中国社会科学院中国历史研究院成立的贺信中,习近平总书记强调:"当代中国是历史中国的延续和发展。新时代坚持和发展中国特色社会主义,更加需要系统研究中国历史和文化,更加需要深刻把握人类发展历史规律,在对历史的深入思考中汲取智慧、走向未来。"

我们要重视历史和文化传统,但更要重视现实因素。在现实因素中有三大因素决不能忘记:一是中国共产党的领导。中国共产党及其杰出代表，既是合力形成的参与者又是历史多种可能性中进行关键选择的决策者；二是马克思主义中国化。正是马克思主义的传入及其中国化，克服了盲目复古和全盘西化等错误主张；三是近代以来，生活在水深火热中的中国人民对改变国家积贫积弱面貌的追求，对美好生活的渴望，以及无数为中华民族伟大复兴而流血牺牲的烈士。这是政党的力量，理论的力量，人民的力量。

我们也要重视外在因素所起的合力作用。俄国是中国的近邻，十月革命对中国的道路选择具有最直接而又至关重要的影响。正如毛泽东同志在《论人民民主专政》一文中说的："十月革命一声炮响，给我们送来了马克思列宁主义。十月革命帮助了全世界的也帮助了中国的先进分子，用无产阶级的宇宙观作为观察国家命运的工具，重新考虑自己的问题。走俄国人的路——这就是结论。"

如果没有内在动力，任何外来力量都不可能改变中国。把中华民族伟大复兴仅归之为挑战和应战的外在动力论是不正确的。没有马克思主义和中国共产党，没有广大人民的支持和无数英雄们的流血牺牲，就没有新中国，也没有从站起来到富起来再到强起来的中国近现代史。在主体选择因素中，我们应该高度重视贯穿其中的爱国主义精神和理想信念，重视民族耻辱感所起的作用，这是一种巨大的精神力量。没有爱国主义热情和理想信念就不可能凝聚起人民的力量；没有民族耻辱感就不会激起为民族复兴而奋斗、流血，甚至前仆后继的牺牲。马克思非常重视一个民族的耻辱感。他说过："耻辱就是一种内向的愤怒。如果整个国家真正感到了耻辱，那它就会像一只蜷伏下来的狮子，准备向前扑去。"曾经被喻为睡狮的中国，终于在各种历史合力作用下猛醒过来。

我们不能忘记千千万万死去的烈士。"风萧萧兮易水寒，壮士一去兮不复还。"荆轲只是一个激于义愤和感知遇之恩的游侠，而成千上万为中华民族伟大复兴牺牲的烈士们，不是古代的游侠，而是用民族复兴的使命武装起来的现代革命者。矗立在天安门广场上的人民英雄纪念碑，就是纪念在人民解放战争和人民革命中牺牲的人民英雄们，以及自鸦片战争以来为了反对内外敌人，争取民族独立和人民自由幸福，在历次斗争中牺牲的人民英雄们。矗立在天安门广场上的人民英雄纪念碑告诉我们，中国的道路来之不易，我们要加倍珍惜。

研究中国的道路选择必须以历史唯物主义为指导，并清楚认识到，对近代历史起作用的各种因素包括主观因素和客观因素、主要因素和次要因素、内部因素和外部因素等。只有在比较鉴别中，我们才能懂得为什么必须坚持中国共产党的领导，为什么必须坚持马克思主义及其中国化方向，为什么必须重视中国历史和优秀文化传统，为什么必须坚持以人民为中心，充分发挥人民作为历史主体的作用，为什么要坚持中国特色社会主义道路。习近平总书记反复强调要"不忘初心、牢记使命"，并在全党进行主题教育，就是要全党，尤其是各级领导干部，特别是高级领导干部，不要忘记为中国人民谋幸福、为中华民族谋复兴的初心和使命，不要忘记为这条道路战斗和牺牲的英雄们。无论是为社会主义革命、建设，还是为改革作出贡献的人们，都是我们民族的脊梁。

二、历史合力下中国的道路选择

在人类历史上，迄至十月革命开辟社会主义制度之前，资本主义社会曾经是最进步的社会形态，给人类带来了高度发达的生产力、新的科学技术和不同于封建专制制度的现代国家政权。资本主义力图按照自己的面貌创造出一个新世界。那么，为什么中国没有选择和不可能选择资本主义，而是最终走上社会主义道路呢？

西方是资本主义制度的发祥地。虽然从历史来看，西方国家的经济发展长期远远落后于中国，但首先进入资本主义社会的却是一些西方国家。当西方进入资本主义社会，中国正处在封建社会由强而弱、由盛转衰、由衰到败的时期。从明代中叶开始，西方一些耶稣会教士在华传教时曾带来一些西方的科学技术，康熙乾隆两位皇帝对西方科学技术也表现了一定兴趣，但终究只是为了个人消费和好奇，而没有成为国家政策。中国仍然挟几千年发展的成果而以天朝上国自居。当时没有对科学技术产生需要的社会化大生产，整个社会占主导的仍然是农业生产方式。虽然《清明上河图》显示出宋代城市经济发展的繁华景象，虽然明代中叶以后江南地区商品经济也很发达，但经济构成仍然是农业和手工业产品，或与日常生活密切相关的茶和盐，而非工业品。康熙乾隆时期的繁荣已经是满清帝国的黄昏。此后日益像《红楼梦》后四十回描写的荣宁二府，露出后半世的光景。百足之虫死而不僵，当政者没有危机感。中国封建社会自身的没落、人们思想守旧、政治腐败的内在因素，与西方资本主义的兴起和向外扩张结合形成的历史合力，完全阻断了中国社会缓慢自发地走向资本主义社会的时机和可能性。无论是变法维新，还是师夷长技以制夷，以及各种改良主义方案，都无法挽救中国沦入半殖民地半封建社会的历史命运。

在自己国内貌似文明的资本主义，在海外表现得极其野蛮。西方资本主义社会的建立和向世界的扩张与殖民，使其他国家逐步变为殖民地或半殖民地国家。中国也没有逃脱这个命运。资本主义向外殖民和入侵往往以传播文明与开展贸易为先导，或以传播上帝福音为掩护，其发家史并不光彩，伴随的是军事入侵的炮舰政策，以及敲骨吸髓的不平等条约。在资本主义主导的世界中，发达与落后、强与弱的国际关系在进行重组。

历史规律是不以人们的意志为转移的。世界卷入资本主义体系的过程，是以资本和廉价商品征服落后国家的过程，也是血与火的殖民过程。但资本主义在掠夺别国财富、富足自己的同时，也促进了被压迫民族的觉醒和反抗，播下了革命的火种。马克思恩格斯在有关中国的论文中对此有过极其深刻而有预见性的判断。马克思在《鸦片贸易史》中写道："一个人口几乎占人类三分之一的大帝国，不顾时势，安于现状，人为地隔绝于世并因此竭力以天朝尽善尽美的幻想自欺。这样一个帝国注定最后要在一场殊死的决斗中被打垮：在这场决斗中，陈腐世界的代表是激于道义，而最现代的社会的代表却是为了获得贱买贵卖的特权——这真是任何诗人想也不敢想的一种奇异的对联式悲歌。"并且预言："过不了多少年，我们就会亲眼看到世界上最古老的帝国的垂死挣扎，看到整个亚洲新纪元的曙光。"

　　清王朝的腐败，西方帝国主义国家的侵略，中国先进知识分子的觉醒、人民的反抗——这种合力的作用，既注定了中国封建社会的解体，又激起人们对中国向何处去的探索。尤其是马克思主义的传入，中国共产党的成立，历史上杰出的革命人物和思想家登上中国的政治舞台，由此产生了新的合力运动。这种合力，已经不再是腐朽的清王朝和种种守旧力量与西方帝国主义入侵者的合力，而是以马克思主义为指导的中国共产党为新的历史主体的一方，与以帝国主义、封建主义和官僚买办资产阶级为另一方进行斗争而构成的新合力。中国既已出现新的历史主体，就必然出现新的道路的探索。

一是革命之路——农村包围城市。"怅寥廓，问苍茫大地，谁主沉浮？"1925 年秋，毛泽东同志独自在长沙橘子洲头，眺望着万山红遍、层林尽染的岳麓山；俯视着漫江碧透、百舸争流的湘江；头顶上是鹰击长空，脚边是鱼翔浅底。看着万类霜天竞自由的壮丽景色，发出了"谁主沉浮"的疑问，这是对中国发展道路的探索之问。

中国共产党 1921 年已经成立了，走革命之路已经决定，但具体的道路如何走，仍是一个有待解决的问题。巴黎公社和十月革命武装起义的方式不符合中国国情。中国是一个农民占绝大多数，城市反动统治势力相对雄厚的国家。农村天地宽广，统治薄弱，尤其是军阀混战，省界之间"三不管"的地方不少。毛泽东同志带领队伍上井冈山，从此开始了农村包围城市，最后夺取全国胜利的革命道路。这条道路不仅符合中国国情，也符合中国农民革命的传统。中国农民革命都是开始于农村。我们党团结带领人民找到了一条以农村包围城市、武装夺取政权的正确革命道路，进行了 28 年浴血奋战，打败日本帝国主义，推翻国民党反动统治，完成了新民主主义革命，建立了中华人民共和国，实现了中国从几千年封建专制统治向人民民主的伟大飞跃。

在历史发展中，革命往往是新制度的助产士。资产阶级革命如此，无产阶级革命更是如此。如何看待革命，是一个人政治价值观的集中表现。马克思恩格斯肯定资产阶级在历史上曾经起过非常革命的作用，肯定法国大革命的历史进步性。但是以启蒙思想家的自由、平等、博爱为理想的法国大革命，并没有得到普遍的自由、平等、博爱。恩格斯在《反杜林论》中这样描述："这个理性的王国不过是资产阶级的理想化的王国；永恒的正义在资产阶级的司法中得到实现；平等归结为法律面前的资产阶级的平等；被宣布为最主要的人权之一的是资产阶级的所有权；而理性的国家、卢梭的社会契约在实践中表现为，而且也只能表现为资产阶级的民主共和国。"由此可见，马克思恩格斯坚持朝前看，承认资产阶级曾经起过的积极作用，但也明确指出资产阶级革命的弱点，他们明确号召："让统治阶级在共产主义革命面前发抖吧。无产阶级在这个革命中失去的只是锁链。他们获得的将是整个世界。"

中国革命胜利的实践证明，真正解决中国向何处去的问题需要革命，而不是告别革命。革命自然不是铺满鲜花的浪漫之路，而是改变旧制度和推动社会前进所必需的。中华民族伟大复兴正是从中国共产党人领导的革命和革命胜利开始的。

二是建设之路——独立自主和自力更生。中华人民共和国成立70多年的历史，是成就卓著辉煌灿烂的70多年，也是艰苦探索并在改革开放实践中开辟中国特色社会主义道路的70多年，是具有历史连续性又包含重大转折的70多年。只有坚持实事求是和唯物辩证法的历史观，才能在饱含曲折的历史迷雾中厘清发展的主线。

中华人民共和国成立表明中华民族站起来了，开始踏上建设社会主义的新历程。中国革命是伟大的，但革命以后的路程更长。中国共产党坚持独立自主和自力更生，在辽阔的中国国土上，在一穷二白的基础上开始逐步建设雄伟的社会主义大厦。中国人民的爱国主义精神和高昂的社会主义建设热情，像火山喷发。独立自主、自力更生本质上也是一种合力，它依靠党的领导，集全国人民之力，调动各种积极因素形成一种无坚不摧、无难不克的力量。

闭关锁国并非我们进行社会主义建设的国策。毛泽东同志1949年6月15日在新政治协商会议筹备会上的讲话中明确提出，"中国人民愿意同世界各国人民实行友好合作，恢复和发展国际间的通商事业，以利发展生产和繁荣经济"。可是西方尤其是美国在军事企图失败后，长期采取封锁禁运制裁政策，在政治上企图孤立中国，在经济上企图困死中国。封锁禁运是一种阻力，同时也能激发一种反作用力。毛泽东同志豪迈地说："封锁吧，封锁十年八年，中国的一切问题都解决了。中国人死都不怕，还怕困难吗？"正是在中国共产党领导下，举全国之力，在30年不到的时间里改变了工业极端落后的面貌，建立了比较完整的工业体系和国民经济体系。"两弹一星"标志着国防现代化迈出了坚实步伐。在前进和探索中，我们有过错误，但成绩是巨大的。邓小平同志对此作过公正的评价：

"我们尽管犯过一些错误，但我们还是在三十年间取得了旧中国几百年、几千年所没有取得过的进步。"

三是复兴之路——中国特色社会主义道路。历史存在因果关系的链条。中国革命的胜利、社会主义建设的成就，为开辟中国特色社会主义道路奠定了基础。历史的发展会有曲折和挫折，当然也会有跳跃。挫折往往是跳跃前的下蹲。中国特色社会主义道路就是这种曲折后的一次飞跃。党的十一届三中全会就是新的飞跃的集结号。它在前30年取得的成就基础上，通过总结经验教训，举起了中国特色社会主义旗帜，踏上了改革开放道路。这是一条富民富国之路，也是强军强国之路。在中国特色社会主义道路中发挥巨大作用的仍然是历史的合力。中国特色社会主义道路是中国共产党领导和群众实践的合力，是在共同理想信念凝聚下的合力。经过40多年的改革开放，我们在中国特色社会主义道路上取得了举世瞩目的成就，不仅成为世界第二大经济体，而且不少领域在世界上也名列前茅。

我们仍然面对着国内外风险挑战明显增多的复杂局面，但这阻止不了中国特色社会主义前进的步伐。在习近平新时代中国特色社会主义思想指引下，站在新起点上中国的开放大门只会越开越大。中国是顺历史潮流而动，而不是逆潮流背道而行。中国将以更加开放的姿态出现在世界舞台上。当然改革开放和自力更生不是对立的。饭碗要端在中国人民手里，我们要掌握核心技术并大力推进科技创新。进一步改革开放所凝聚的新合力，将更快地推动朝着党中央确定的"两个一百年"奋斗目标、实现中华民族伟大复兴的中国梦既定目标前进。

中国的发展是和平发展。新中国成立前100多年的历史是饱受侵略战争之苦的历史。中国人民对侵略战争带来的灾难有着最为深刻的痛苦记忆。中国是个爱好和平的国家，这不是因为我们致力于解决国内发展问题，无暇他顾；也不是因为我们的科技和军事实力还不如某些西方大国，无力争霸；而是因为我们的历史文化中没有扩张的基因，我们的文化是"和"的文化，我们的国家是社会主义性质的国家。外交是内政的延续，而内政则决定于国家制度的本质。我们的国家性质决定我们是爱好和平的国家。在《习近平谈治国理政》中，就有专章论及"推进中国特色大国外交"，习近平总书记在论述中明确提出"坚持国际关系民主化，坚持和平共处五项原则，坚持国家不分大小、强弱、贫富都是国际社会平等成员，坚持世界的命运必须由各国人民共同掌握"，强调"要坚持合作共赢，推动建立以合作共赢为核心的新型国际关系"。

"国强必霸"的逻辑不适合中国。社会主义社会和资本主义社会是两种不同的社会制度。资本主义制度的成长和发展的历史，是与向外扩张的历史相重叠的。两种制度，两种逻辑，两条发展道路。"国强必霸"是资本主义社会的丛林法则，而"和平发展"则是社会主义社会的发展法则。翻开马克思恩格斯的著作，翻开马克思主义中国化的著作可以看到，从来就没有任何向外扩张的理论，没有发动对外侵略战争的理论。西方少数鹰派政治家和精英宣传它们制造的"中国威胁论""中美必战论"，为制造中国企图与美国争霸和"中国威胁论"寻找历史根据。中国和平发展的历史，戳穿了这个谎言。中国和世界各国的平等贸易和友好交往，都显示了作为踏上强国之路的发展中大国，中国是维护世界和平与发展的重要力量。

当下最鲜明的时代特色，就是中华民族伟大复兴战略全局和世界百年未有之大变局的历史交汇。习近平总书记在江西考察时指出："领导干部要胸怀两个大局，一个是中华民族伟大复兴的战略全局，一个是世界百年未有之大变局，这是我们谋划工作的基本出发点。"处在这个历史交汇点上的中美两国关系，对世界和平与世界新格局形成有举足轻重的关系。中美应该建立的是互利共赢的关系。合则两利，斗则两伤。我们有一千条理由和美国搞好关系，但这不单纯决定于我们。中国有句俗话：一个巴掌拍不响。极限施压必然引起强烈的反作用力量。它只会更加凝聚中国人民维护中国特色社会主义道路的决心。这种力量的强度可能出乎始作俑者的意料。

我想起了毛泽东同志在长征途中写的《念奴娇·昆仑》。其中下阕是："而今我谓昆仑：不要这高，不要这多雪。安得倚天抽宝剑，把汝裁为三截？一截遗欧，一截赠美，一截还东国。太平世界，环球同此凉热。"那可是1935年，是红军最困难的时期。这是何等的世界观、人类观和博大胸怀。

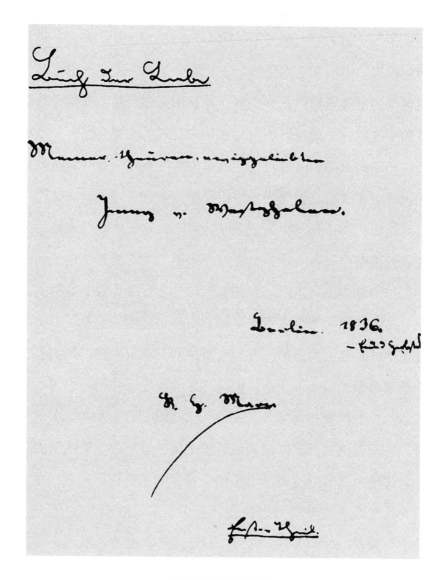

马克思写给燕妮的诗

三、坚持中国特色社会主义道路的
"制"与"治"

"制"与"治"是一个国家的制度合理性与治理能力、执行能力的关系问题。制与治的矛盾或分裂，往往会导致制度的失败。柳宗元在《封建论》中以周朝与秦朝为例谈到"制"与"治"的得失。柳宗元说：周朝之失，"失在于制，不在于政"；秦朝的郡县制，优于周朝分封制，但在治理上，秦则"失在于政，不在于制"。秦朝的暴政治理，导致二世而亡，"人怨于下而吏畏于上，天下相合，杀守劫令而并起，咎在人怨，非郡邑之制失也"。郡县制度虽适合时代要求，但治理无方，照样不能发挥制度的优越性。

中国共产党是最善于总结自身经验和国际共产主义运动经验的。苏联社会主义的失败，启示我们要坚持和完善中国特色社会主义制度、推进国家治理体系和治理能力现代化。苏联解体，社会主义失败不是一个人或几个人的偶然作用，而有其深刻的社会原因。恩格斯在《德国的革命和反革命》中总结革命失败教训时说，革命失败的原因"不应该从几个领袖的偶然的动机、优点、缺点、错误或变节中寻找，而应该从每个经历了震动的国家的总的社会状况和生活条件中寻找"。苏联社会主义失败不仅失之在制，而且失之在治。苏联在列宁斯大林时期确立了社会主义的基本经济制度和政治制度，经过几十年运转后不仅没有得到自我完善，而且遭到后继者在改革旗号下的彻底破坏。从赫鲁晓夫全盘反对斯大林开始引发的意识形态混乱，加上延续几十年的西方思想意识形态的侵蚀，社会主义的经济基础和上层建筑已经非常脆弱；苏联共产党内特权阶层的形成，使苏共脱离群众，人心丧失、思想混乱、治理无方，完全失去有效治理能力。特别是戈尔巴乔夫上台后，鼓吹新思维和取消马克思主义的指导地位，破坏了社会主义制度。苏联社会主义实践失败，失之于"制"，苏联共产党的领导地位和马克思主义的指导地位已经被取消，社会主义已经完全蜕变；也失之在"治"，长期严重脱离群众的官僚主义，使政府的威信消失殆尽。苏联社会主义失败不是某个单一因素作用，而是西方长期和平演变和苏联内部自我演变结合的合力。可以说，既失之在"制"，也失之在"治"。

一个政党过去先进，不表明现在先进；现在先进，不表明永远先进。中国共产党最有忧患意识。国际资本主义尤其是西方霸权主义，从来没有放松过对中国的施压。从接触促变的策略到把中国确立为战略对手，采取极限施压和遏制中国发展的策略；"普世价值"、新自由主义、历史虚无主义等错误思潮的影响，都不容小觑。要保持中国共产党永不变质，社会主义永不变色，需要全面从严治党，永远保持中国共产党的先进性和纯洁性。不是保持十年、二十年，也不是三十年、五十年，而是代代相继。其中最重要的就是要解决"制"与"治"的问题。

中国特色社会主义制度是中国共产党和中国人民经过新中国 70 年，尤其是改革开放实践探索中形成的，这是最具科学性和优越性的制度。以坚持和完善中国特色社会主义制度为根本，我国持续推进国家治理体系和治理能力现代化。党的十九届四中全会审议通过的《中共中央关于坚持和完善中国特色社会主义制度、推进国家治理体系和治理能力现代化若干重大问题的决定》，就是一个很好的例证。全会提出坚持和完善中国特色社会主义制度、推进国家治理体系和治理能力现代化的总体目标是，到我们党成立一百年时，在各方面制度更加成熟更加定型上取得明显成效；到 2035 年，各方面制度更加完善，基本实现国家治理体系和治理能力现代化；到新中国成立一百年时，全面实现国家治理体系和治理能力现代化，使中国特色社会主义制度更加巩固、优越性充分展现。中国共产党深深懂得"天下之势不兴则衰，天下之治不进则退"的历史经验。从"制"与"治"两个方面为中国之治、为长治久安提供具有历史和现实意义的方案，为坚持中国特色社会主义道路提供制度保证。

中国以辉煌的成绩胜利庆祝新中国成立 70 周年，也以更加辉煌的成就迎接建党 100 周年。现实既是历史的延续又是未来走向的根基。中国特色社会主义成就越大，中国的脱贫攻坚成就越大，中国人民的生活越好，中国的改革开放越是取得伟大成就，越是为中国特色社会主义道路的持续性和不可逆转奠定牢固的基础。任何外来势力都不可能通过施压改变中国特色社会主义道路，因为任何国家都不能改变中国历史和中国文化传统，不能改变中国现实的成就，不能改变中国 14 亿人拥护中国共产党、追求美好生活的愿望，因而也不可能改变植根于中国历史、文化、现实和人心的中国特色社会主义道路。得人心者得天下，这是天下至理，是历史屡试不爽的真理。

历史发展的总方向是上升的前进的，这是人类历史发展的总规律。中国特色社会主义道路既符合中国历史发展规律，又具有世界影响，因为它与世界人民要求消除贫困、消除两极对立，追求公平、正义、平等社会的目标是一致的。

第十六章　历史唯物主义与当代中国

坚持以历史唯物主义观察当代中国，必须有个现实的立足点，这就是中国共产党领导下正在进行的中国特色社会主义伟大实践。只有立足火热社会实践，我们才能在理论上站稳脚跟，才能深刻把握历史规律和中华优秀传统文化的精髓，才能满怀信心地面向未来。

一、重视历史，掌握中国历史发展规律

重视历史是马克思主义历史观的本

质要求。习近平总书记在中国文联十大、中国作协九大开幕式上的重要讲话中指出："坚定文化自信，离不开对中华民族历史的认知和运用。历史是一面镜子，从历史中，我们能够更好看清世界、参透生活、认识自己；历史也是一位智者，同历史对话，我们能够更好认识过去、把握当下、面向未来。"

当代中国与历史中国有着内在连续性。要把握中国社会发展方向，必须重视中国历史。历史规律存在于历史过程之中，而不是存在于历史过程之外。为什么中国历经 5000 多年发展没有中断，王朝虽然更替但仍然沿着既有的历史轨道发展呢？因为中国自秦朝确立起中央集权的郡县制以后，"书同文，车同轨，量同衡，行同伦"，中央始终处于全国政治治理的中枢地位。反观，汉高祖刘邦分封同姓王和异姓王，为吴楚七国之乱埋下祸根。历史经验证明，中央集权的郡县制符合疆域辽阔、人口数量庞大、少数民族众多的中国实际。州郡县的设置名称和管辖地区可以变，但中央集权的郡县制度治理模式不能变。这是中国历史没有因王朝更替发生长久分裂的重要制度保证。

历史智慧也存在于历史之中。中国历代王朝成败兴亡，一治一乱的经验和教训表明，治国之道在于制和治，治在制，乱亦在制；治在良治，乱在恶治。乱之后出现治，因为乱，人心思变，求稳求治，治，符合人心民意；久安之后出现乱，因为人亡政息，懒政惰政，失人心忤民意，这同样包含教训，不能安而忘危。历史唯物主义者重视历史规律包括重视历史治乱的经验教训。毛泽东同志提过，善于总结经验，是我们党自信的表现，"对历史经验进行了总结，对当前的形势和前途都有明确的认识，因此我们有巩固的信心"。习近平总书记也从中国特色社会主义实践出发，强调"历史是一面镜子，鉴古知今，学史明智"。重视历史、研究历史、借鉴历史是中华民族5000多年文明史延续下来的一个优良传统。当代中国是历史中国的延续和发展。新时代坚持和发展中国特色社会主义，更加需要系统研究中国历史和文化，更加需要深刻把握人类发展历史规律，在对历史的深入思考中汲取智慧、走向未来。

二、继承中华优秀传统文化，坚定道路自信

中华文化博大精深。历代文化名人之多，如思想之高峰；文化经典之多，如智慧之大海。中华民族5000多年文明史所积淀的深厚历史文化传统，滋养造福了无穷后代，为整个人类文明也作出了重大贡献。当然，由于封建社会后期统治者闭关锁国、夜郎自大，中国屡次错失富民强国的历史机遇。鸦片战争之后，中国更是一次次被经济总量、人口规模、领土幅员远远不如自己的国家打败。近代史上，我国落后挨打的重要原因之一就是科技落后。实际上，西方工业革命以后，我国的科学技术水平同西方资本主义国家的差距逐渐加大，社会科学亦是

如此。政治经济学、法学、社会学、人类学、政治学等学科多是从西方逐步引进。

中华人民共和国成立以后，我国科学技术的发展不断取得新成绩，哲学社会科学也以马克思主义为指导，不断朝着彰显中国特色、中国风格、中国气派的方向前进。这充分证明与中华民族5000多年的文化积累相比，近代的落后只是暂时的曲折，这不能成为民族文化自卑的理由。只要推翻旧的社会制度，建立中国共产党领导的社会主义制度，科技落后的状况完全能快速改变。当然，我们仍然要向西方学习先进的科学技术。文化交流，文明互鉴，是人类进步的规律。

我们要重视中国传统文化，尤其是优秀的传统文化。传统文化同历史不可分，是一种历史性存在。孔孟老庄、魏晋玄学、程朱陆王，明清之际的著名思想家的思想光芒，构成了一部中国思想史或文化史。而要使传统文化发挥作用，必须使它成为具有连续性的文化传统，使它的精髓一直能传到当代，在现实中起作用。传统文化影响作用大小取决于它在多大程度上变成一个民族的文化传统。传统文化是历史的，而文化传统则是现实的，它不只是论文或专著，更是真正融入我们民族的血脉之中，成为我们生活方式、思维方式和价值观的重要构成因素。文化传统使一个国家的传统文化和当代文化串联在一起，真正成为一种血脉关系，成为一种源流关系。如果传统文化不能成为文化传统，那就是文化发展的中断，血脉阻塞，得了文化血栓症。坚持以马克思主义为指导的中国共产党之所以如此重视中华优秀传统文化的创造性转化和创新性发展，是因为它是当代文化的孵化器，有利于社会主义先进文化的弘扬。"求木之长者，必固其根本；欲流之远者，必浚其泉源"。传承和弘扬中华优秀传统文化是一项固本培元的文化工程。

对当代人而言，优秀的文化传统是其思想成长的肥土沃壤。文化土壤非常重要，《歌德谈话录》中记载了歌德关于文化土壤重要性的深刻论述。他说，"如果一个有才能的人想迅速地幸运地发展起来，就需要有一种很昌盛的精神文明和健康的教养在他那个民族里得到普及""我们都惊赞古希腊的悲剧，不过用正确的观点来看，我们更应该惊赞的是使它可能产生的那个时代和那个民族，而不是一些个别的作家"。

三、中国特色社会主义制度建设中的
文化与文明

党的十九届四中全会审议通过的《中共中央关于坚持和完善中国特色社会主义制度、推进国家治理体系和治理能力现代化若干重大问题的决定》（以下简称《决定》），是新时代指导中国特色社会主义建设的纲领性文献。《决定》的一个显著特点，是坚持以马克思主义为指导，立足社会主义的本质要求，力求使制度优势转化为制度文明即实际的制度建设和实际的治理效能。《决定》中总结的中国特色社会主义制度的 13 个显著优势，如坚持党的集中统一领导，坚持人民当家作主，坚持全面依法治国，坚持共同的理想信念、价值理念、道德观念，弘扬中华优秀传统文化、革命文化、社会主义先进文化等一系列制度，都无不包含马克思主义的制度文化，实际上是一种不断完善的制度文明。

文化和文明含义存在交叉，但可以区别。文化属于上层建筑，是观念，是思想。文化是文明的灵魂，而文明则是一种社会的实践形态，它不限于上层建筑，而是表现整个社会发展的水平。当制度的构建作为一种观念和理想时则属于文化；当制度文化对象化为现实的制度，即属于制度文明。文明不是单纯的观念而是现实社会状态，是衡量一个社会全方位发展程度的尺度。社会的发展不仅表现为文化的发展，还表现为文明的进步。

中国传统文化中的民本主义是政治文化，但中国封建社会没有真正构建完备的人本主义的制度文明。中国封建社会有丰富的民本主义思想文化，但很少有真正的民本主义制度。孟子说的"民为贵，社稷次之，君为轻"是一种饱含政治智慧的民本主义思想或理念，但封建社会的制度并不是按这个理念设计的。封建社会制度的本质是君贵民轻、官贵民贱的等级制度，不仅政治制度，包括礼仪和服饰甚至衣着颜色都是表示等级的，封建社会全部制度最根本的是维护君权。得人心者得天下，民为邦本、本固邦宁同样是一种深刻的民本主义理念，但它也是思想文化理念，在封建社会并没有形成相应的制度文明。因为封建社会并没有制定一套民为邦本、本固邦宁的制度保障，虽然也有赈灾、救荒、治水等措施，但对总体制度而言并不占重要地位。

笔者以为，中华优秀传统文化的创造性转化和创新性发展应该超越解释学范畴，真正把中华优秀传统文化的精华转化并渗透到我国制度文明建设中。党的十九届四中全会审议通过的《决定》就包含着这种创造性转化和创新性发展。以习近平同志为核心的党中央明确提出坚持以人民为中心的发展思想，就吸收借鉴了传统的民本主义思想精华，并通过包括政治制度和法律制度的建构真正保证坚持以人民为中心的发展思想得到贯彻。如果没有制度保证，以人民为中心就只是一个理念，一种理想，称不上制度文明；如果没有由"天人合一"的文化观念创造性地转化为生态文明建设，没有真正变成环保法和环保制度，就无法达到生态文明。总之，文化是一种观念，优秀文化是"应该如此"的理念；而文明则是制度化的现实，是文化观念的社会化、实践化。无论你到任何一个国家，不可能直接看到文化，文化是内在的思想精神，但你能看到城市的建设布局、建筑风格、交通秩序、人民的道德表现，乡村的风貌、风俗人情和生态环境，这些都构成了文化内化其中的城市文明和农村文明。正因如此，我们不能根据资本主义宣传的"普世价值"来判断资本主义的制度文明，而必须立足于资本主义社会的制度现实。恩格斯曾经对资产阶级启蒙思想家关于资本主义制度的理想和资本主义制度文明的现实进行过对比："同启蒙学者的华美诺言比起来，由理性的胜利建立起来的社会制度和政治制度竟是一幅令人极度失望的讽刺画。"

四、立足当代，继承传统

在历史、当代、未来相互衔接的历史之流中，我们的立足点应该放在哪里？当然是立足当代，立足中国特色社会主义伟大实践。重视历史、重视历史经验和历史规律，这是马克思主义历史观。并不是所有哲学家、政治家都是如此。历史的客观性决不能理解为人们会同样看待历史，会同样看待历史经验，会同样吸取历史教训。不同的阶级从历史中看到的东西、吸取的东西并不都是一样的。各自从自己的窗口往外瞧，看到的是不一样的街景。中国共产党人重视历史经验，反复强调以史为鉴，因为共产党人是马克思主义者，是为了中国的社会主义现代化建设需要和中国人民的幸福而研究历史，尊重历史经验。党的十九届四中全会审议通过的《决定》就深入总结了新中国70年来建设社会主义的实践经验，探索出了求"中国之治"的"长治久安"之策。

历史唯物主义观点和意大利哲学家克罗齐的"一切历史

都是当代史"的看法不同之处在于，马克思主义承认历史是既成事实，它是不可改变的。历史就是历史，是那个时代的人的实践活动，并非当代人的实践活动。但如何看待历史则不同，它永远属于不同时代的人。能改变的不是历史事实，而是不同时代的人对历史的评价。也就是说，改变的是历史观，而不是历史事实本身。除非发现新的历史材料可以纠正前人对事实记载的错误。而纠正事实错误，也是在表明历史更接近事实，而不是远离事实。

对传统文化的吸取也是一样。文化土壤再肥沃但结出什么样果实，取决于你播下什么样的种子，由什么样的人来耕耘。并不是在中国传统文化基础上必然会结出中国特色社会主义这样的果实。没有马克思主义在中国的传播并与中华优秀传统文化相结合，没有中国共产党人的奋斗，就不可能结出中国特色社会主义之果。毛泽东同志在 1945 年发表《两个中国之命运》，来反对蒋介石的《中国之命运》。毛泽东同志说："在中国人民面前摆着两条路，光明的路和黑暗的路。有两种中国之命运，光明的中国之命运和黑暗的中国之命运。""或者是一个独立、自由、民主、统一、富强的中国，就是说，光明的中国，中国人民得到解放的新中国；或者是另一个中国，半殖民地半封建的、分裂的、贫弱的中国，就是说，一个老中国。"国民党人和中国共产党人当然是同文同种，都是中国人，可以说面对的是同样的历史、同样的文化，可走的路完全不一样，

Zur Kritik

der

Politischen Oekonomie

von

Karl Marx.

Erstes Heft.

Berlin.

Verlag von Franz Duncker.

W. Besser's Verlagsbuchhandlung.

1859.

《政治经济学批判》第一分册，1859 年柏林版结的果也完全不一样，因为他们对待历史和文化的态度与目的完全不一样。

我们的立足点是当代现实，指导思想是马克思主义。历史事实是客观的，传统文化作为事实具有客观性，可如何对待历史和传统文化则取决于当代人的历史观和价值观。列宁在《我们拒绝什么遗产?》一文中，反驳俄国的自由主义民粹派攻击俄国布尔什维克抛弃俄罗斯的文化遗产，断绝与俄国传统的关系。列宁的基本观点是，认定什么是优秀遗产，如何对待遗产，不同的政党是不同的。但是，历史和文化并不因不同的人采取不同的立场而失去它的客观性。历史的规律是客观的，之所以称为"铁的规律"，是因为违背历史规律必然会受到惩罚；文化也是一样，优秀的传统文化总是能给人们以智慧滋养。凡是抛弃历史和优秀文化的人，最终都会被历史和文化所抛弃。历史上曾经风云一时的人物，与历史潮流背道而行后，无不变成向隅而泣的可怜虫。

中国共产党尊重中华优秀传统文化，尊重我们祖先创造的优秀成果。传统文化和现实的关系不是"因为"和"所以"的关系，而是我们现在所做的一切与优秀文化遗产在思想上息息相通、一脉相承、交相辉映。事实上，以人民为中心、人与自然和谐共生等，都是体现社会主义本质，体现中国共产党作为马克思主义政党的本质追求的重要理念，从根本上说都是根源于社会主义生产方式和社会主义制度发展的要求，根源于中国共产党的性质和使命。正因这样，中国共产党能掌握中国历史发展规律，在实践中能对中华优秀传统文化进行创造性转化和创新性发展。不能反过来说，因为我们的文化中有这些思想，我们才实行这些政策。如果不弄清这个问题就会忽视现实基础，认为我们现实中的创新都是古已有之。

历史唯物主义基本原理强调，"每一历史时代的经济生产以及必然由此产生的社会结构，是该时代政治的和精神的历史的基础"。马克思和恩格斯分析问题的立足点都是立足现实，都是用现实的需要来说明对历史和传统的继承，而不是用历史和文化传统来注解现实。习近平总书记提出构建人类命运共同体的理念，是根据社会主义制度的本质和当今世界多极化、反对霸权主义的政治格局提出的重要理念。这个理念体现的是社会主义制度的本质。社会主义本质就是和平，就是关注人类利益。社会主义的外交政策是由内政决定的，我们的社会性质决定我们必定主张和平，推动构建人类命运共同体。当然，我们传统文化中的天下一家、协和万邦、大同世界，和我们现在的政策在文化思想上是相通的，但不是相同的。相通是思想联系，相同则是翻版。思想相通有助于我们从古人智慧中得到启迪。

中国特色社会主义建设是以问题为导向的。问题从来就存在于现实之中，问题解决的方案也存在于现实之中。一代人有一代人的问题，一代人有一代人的使命。《决定》的出台是立足新时代中国特色社会主义建设实践的现实需要。历史传统和文化传统因素对坚持和完善中国特色社会主义制度、推进国家治理体系和治理能力现代化有重要借鉴作用，但中国特色社会主义制度的坚持和完善，国家治理体系和治理能力现代化的推进，最根本的是基于新中国成立以来，我们坚持以马克思主义为指导，坚持中国共产党的集中统一领导，坚持在社会主义建设实践中确立的社会主义生产方式。历史因素和传统文化因素只有在有了这些基础以后，才能发挥思想相通、一脉相承的作用，才能融入现实的中国特色社会主义制度建设之中。

总之，拥有 14 亿人口、960 万平方公里国土和 56 个民族的中国，能实现并维护国家统一、民族团结，具有强大的民族凝聚力和向心力，社会稳定、秩序井然，当然有历史传统和文化传统的作用，但具有决定作用的是中国共产党的集中统一领导和建立的社会主义制度。驾驭车子前进的舵手是中国共产党，推动车轮前进是全国各族人民，指导思想是当代中国马克思主义、二十一世纪马克思主义，是习近平新时代中国特色社会主义思想。我们只有立足当代，继承传统，才能朝着实现中华民族伟大复兴目标阔步前进！

责任编辑：洪　琼
执行编辑：周文莲

图书在版编目（CIP）数据

念好马克思主义的"真经" / 陈先达著. -- 北京 ：
人民出版社，2025. 7. -- ISBN 978 - 7 - 01 - 027194 - 1

Ⅰ. D61

中国国家版本馆 CIP 数据核字第 2025C02V46 号

念好马克思主义的"真经"

NIANHAO MAKESI ZHUYI DE ZHENJING

陈先达　著

人民出版社 出版发行
（100706　北京市东城区隆福寺街 99 号）

北京中科印刷有限公司印刷　新华书店经销

2025 年 7 月第 1 版　2025 年 7 月北京第 1 次印刷
开本：710 毫米×1000 毫米 1/16　印张：20
字数：320 千字

ISBN 978 - 7 - 01 - 027194 - 1　定价：69. 80 元

邮购地址 100706　北京市东城区隆福寺街 99 号
人民东方图书销售中心　电话（010）65250042　65289539